Momentos singulares de la Antigüedad
Treinta y cinco episodios trágicos, divertidos
y grotescos de la historia grecorromana

Marianne y Pedro Barceló

Momentos singulares de la Antigüedad

Treinta y cinco episodios trágicos, divertidos y grotescos de la historia grecorromana

Traducción de Alejandro Cadenas González y Lena Maria Hein

Prólogo de David Hernández de la Fuente

Alianza editorial
El libro de bolsillo

Diseño de colección: Estrada Design
Diseño de cubierta: Manuel Estrada
Ilustración de cubierta: *El triunfo de Tito, Alma-Tadema,* 1885.
Óleo sobre tabla. (Walters Art Museum, Baltimore). © ACI / Alamy
Selección de imagen: Carlos Caranci Sáez

PAPEL DE FIBRA
CERTIFICADA

© Marianne Häuptle-Barceló y Pedro Barceló Batiste, 2024
© de la traducción: Alejandro Cadenas González y Lena Maria Hein, 2024
© Alianza Editorial, S. A., 2024
   Calle Valentín Beato, 21
   28037 Madrid
   www.alianzaeditorial.es

ISBN: 978-84-1148-771-9
Depósito legal: M. 15.852-2024
Printed in Spain

Si quiere recibir información periódica sobre las novedades de Alianza Editorial, envíe un correo electrónico a la dirección: alianzaeditorial@anaya.es

Índice

Índice

Prólogo

En 1927, el escritor austriaco Stefan Zweig publicó una serie de momentos estelares de la humanidad —*Sternstunden der Menschheit* en su magnífico original alemán— que fue siendo ampliado sucesivamente hasta su edición definitiva en 1940, solo un par de años antes del suicidio de su autor. Zweig había querido recopilar una serie de episodios inolvidables de la historia, en concreto catorce, que englobaban desde la Antigüedad, con el asesinato de Cicerón, hasta su casi contemporaneidad, con las negociaciones del presidente estadounidense Wilson y la Sociedad de las Naciones en pos de la paz en Europa después de la Primera Guerra Mundial. ¡Qué irónico final para un libro que pretendía arrojar una luz literaria y atractiva sobre la historia, cuando ya por entonces las naciones más poderosas del mundo se desangraban una vez más en las trincheras de un nuevo conflicto planetario! No en vano la desesperación ante los derroteros de la Segunda Guerra Mundial llevó a

Zweig a quitarse la vida en compañía de su esposa, convencido de que aquel mundo de ayer que era la civilización occidental se perdería para siempre ante los avances del Eje y la persecución del pueblo al que pertenecía. Sin embargo, la esencia del libro, como la de la civilización occidental —la belleza, la cultura y el bien—, habrían de prevalecer y, después de aquella noche oscura, los destellos de la humanidad prendieron de nuevo en una mecha renovada. Contribuyeron a ello personalidades como la de Zweig y otros grandes autores humanistas de la época de entreguerras —pienso en Thomas Mann, entre muchos otros— que supieron conservar la llama de la historia y la literatura que heredamos, de forma muy reconocible, de nuestros clásicos grecolatinos, renacentistas e ilustrados.

La idea de Zweig, a medio camino entre el ensayo y la narración, suponía una historiografía personal y sugerente que evocaba aquellos avances de la humanidad, pero también sus titubeos, sus fracasos y sus pasos en falso, con una serie de episodios que, a juicio de su autor, habían perfilado para siempre el devenir de nuestra historia. El gusto por la anécdota, por el detalle, por la pincelada impresionista en la historia, sin embargo, no se debe al malhadado novelista austriaco, pero tampoco es patrimonio exclusivo del siglo XX, que ha desarrollado diversas tendencias historiográficas, centradas en este gusto por la «pequeña historia», como la llamada «microhistoria italiana», la historia cultural o la historia de las mentalidades. No: en este caso, como tantas otras veces, cabe remontarse a la Antigüedad clásica. Al menos, al escritor griego de época romana Plutarco de Queronea. A él hemos de remitirnos, en último término, para encontrar la raigambre literaria e histórica del magnífico libro que tengo el gusto de prologar.

En el siglo II de nuestra era, como es sabido, debemos al polígrafo Plutarco una muy variada obra que abarca desde su serie de biografías —las famosas *Vidas paralelas* de grandes personajes griegos y romanos— hasta sus atractivos *Moralia,* una colección miscelánea, normalmente titulada *Obras morales o de costumbres* en castellano, que incluye opúsculos y excursos interesantísimos sobre astronomía, ciencias naturales, crítica literaria, religión o mitología. Es un autor indispensable para comprender su rica época, un siglo de transición que también es el del sabio gobernante Marco Aurelio, y el de Apuleyo, el precursor de la literatura posterior. Pero nos remitimos aquí a Plutarco y a su aproximación especialmente por el cambio de paradigma de su literatura ensayística —si cabe llamarla así, según Montaigne—, por la invención y el desarrollo de una historia muy personal, a modo de biografía, que a nuestro juicio se asemeja a un retrato impresionista a partir de pinceladas diversas, muy en el espíritu del libro que aquí se presenta.

Frente al gran fresco histórico de generales, batallas, grandes caudillos y gestas, Plutarco prefiere poner el foco más bien en lo particular, en el detalle que nos cuenta a veces mucho más del desarrollo histórico y de las mentalidades que el gran panorama. Así, en un conocido y mil veces citado pasaje programático que encabeza su magno proyecto de las *Vidas paralelas* (al comienzo de la biografía dedicada a Alejandro Magno), Plutarco explicita la preferencia por referir gestos, palabras, signos, guiños, escenas o mañas, en una fenomenología de las señales, en una inclinación hacia lo aparente que muchas veces es bastante más definitoria de un personaje, un suceso histórico o una época que el gran y prolijo libro del historiador tradicional. Como escritor —nos cuenta—, él prefiere con mucho la anécdota, pues

> la manifestación de la virtud o maldad no siempre se encuentra en las gestas más famosas, sino que, por el contrario, frecuentemente una acción insignificante, una palabra o una humorada dan mejor prueba del carácter que las batallas en que hay millares de muertos, impresionantes despliegues de tropas y sitios de ciudades. [...] Pues igual que los pintores tratan de captar las semejanzas en el rostro y en las expresiones de los ojos en las que se manifiesta el carácter, sin preocuparse prácticamente de las demás partes, así también a nosotros se nos ha de permitir que penetremos con preferencia en las señales del alma.

El símil referido a las artes plásticas para captar el carácter *(ethos)* a partir de la señal *(semeion)* externa o la manifestación me parece clave para entender la atracción suscitada por el libro que nos regalan ahora Marianne y Pedro Barceló con el título —que evidentemente homenajea a Zweig— de *Momentos singulares de la Antigüedad*. En él se recopilan, al modo plutarquiano, algunas claras señales, en forma de episodios, anécdotas y personajes singulares, que nos permiten obtener una percepción cabal del proceso histórico de la Antigüedad grecorromana que no está basado en la típica historia política o evenemencial, sino más bien en la sugerente concatenación de fragmentos que, abarcando todo el período en su *longue durée*, desde la época arcaica hasta la tardía, puede proporcionar una indeleble impresión de familiaridad.

En primer lugar, hay que elogiar la elección de los autores de este volumen a la hora de centrarse en este marco histórico y cultural para recopilar estos episodios. Huelga decir que la Antigüedad clásica sigue siendo percibida mayoritariamente como un momento fundacional de nuestra cultura, estética, poética y sentimental; es decir, no solo se trata del gran escenario de la política, invariablemente protagonizado por los grandes gobernantes, sino de una dimensión más bien espiritual —si queremos seguir la etimología alemana de las «humanidades» como *Geisteswissenschaften*— en la que, sin lugar a dudas, seguimos siendo deudores de la historia y la literatura de los griegos y los romanos, que entendemos como profundamente nuestras y, por ende, clásicas en el más amplio sentido. Para comprender quiénes somos en nuestro mundo occidental, en Europa y en las Américas, pero también en gran parte de Asia y África, hemos de mirar aún de forma invariable a los clásicos griegos y latinos y a su peripecia histórica, que es todavía leída y glosada con devoción pese a la patente decadencia de los estudios humanísticos en nuestros días, simbolizada por la pérdida de peso del griego y del latín en nuestros planes de estudio. Un libro como este, de nuevo, evidencia el interés intrínseco que posee hoy todo aquel mundo, que sigue poblando las mesas de las librerías, los anaqueles de las bibliotecas, las novedades en ficción y recreaciones cinematográficas y los anhelos de conocimiento del público general. Por eso digo que la elección es afortunada y, además, viene a romper una lanza precisamente por esta reivindicación del legado clásico en un momento complicado para este como es el actual.

Así también se entiende la «Antigüedad» a la que remite el título del libro en ese sentido, un tanto restrictivo pero encomiable, que deriva de las llamadas «ciencias de la Antigüedad»; es decir, del surgimiento de la filología clásica y la historia antigua como disciplinas científicas entre finales del siglo XVIII y comienzos del XIX en el ámbito cultural y académico alemán. Ello no quiere decir, por supuesto, que se deje de lado o se desprecie la antigüedad egipcia, la oriental o las otras antigüedades, que serán objeto de estudio pormenorizado a partir del siglo XIX de forma también científica y académica. Pero, sobre los postulados clasicistas de Weimar y de autores como Winckelmann, Wolf o Niebuhr, entre otros, qué duda cabe de que nuestra Antigüedad es la clásica y que hemos de centrarnos en el mundo grecolatino, y en su amplia y a veces distorsionada o interesada recepción e interpretación, si queremos entender mejor nuestra propia cultura. Tales son los modelos que han inspirado no solo al mundo occidental anterior al siglo XIX sino, sobre todo y muy claramente, al que sucederá a las revoluciones burguesas que engendran las modernas sociedades democráticas de hoy, que han de seguir mirándose siempre en el espejo del mundo clásico, de su literatura y de su historia. La llamada Antigüedad clásica, que es toda la peripecia histórica de Grecia y Roma, tal y como fue concebida como base de las humanidades en las reformas pedagógicas que conducen a la modernidad, se muestra como un elemento fundamental para comprender el mundo de hoy, con parámetros ideológicos, culturales, literarios, estéticos y poéticos heredados directamente de la Antigüedad grecorromana. Por eso no podemos estar más de acuerdo con la elección de esta suerte de historia personal y sentimental que nos proponen los autores, a partir de elementos, episodios y figuras emblemáticas clave que se presentan entre Grecia y Roma sin solución de continuidad.

Haciendo un rápido repaso por los momentos singulares que presentan Marianne y Pedro Barceló en este libro, se trata de un recorrido por la historia del mundo clásico que sigue un orden cronológico, desde lo más antiguo hasta lo más reciente, a través de 35 episodios, más un capítulo a modo de introducción, con un mito romántico de amor hasta la muerte —el mito de Baucis y Filemón, tan bellamente glosado por el poeta mexicano Octavio Paz— que se me antoja muy simbólico en una pareja indisoluble y ejemplar como la que forman los autores. Los episodios tratan temas, motivos y figuras que abarcan desde la mitología hasta la literatura, como en el caso de los poemas homéricos o de Virgilio, y de ahí a la historia, como en la Atenas clásica de Pericles o la Roma de Catón. La épica tiene una especial presencia, como se advierte en la predilección por la *Ilíada,* la *Odisea* y la *Eneida,* pero también la historia mítica y, por supuesto, todos los mitos nacionales romanos, tanto como la religión, los oráculos, la literatura dramática o la historiográfica o la filosofía. El nudo gordiano entre la Antigüedad griega y la romana lo presenta, como no podría ser de otra manera, el mundo helenístico, representado por Alejandro Magno y sus epígonos, los llamados «diádocos», que son la bisagra sobre la que basculan ambas experiencias históricas, ambos mundos y ambas lenguas. Así se va avanzando desde Grecia —arcaica, clásica y helenística— hacia la época romana, en su larga duración también, con personajes históricos y literarios de hondo calado, desde la época republicana hasta la imperial, desde el

Principado hasta el Dominado. Las calas que hacen los autores en la historia romana son fascinantes, desde el caso de Numancia en los momentos más tempranos, hasta el ascenso del cristianismo en el Bajo Imperio. Se incluye una galería amplísima de protagonistas: emperadores como Nerón, Heliogábalo o Diocleciano, mujeres apasionantes, como Mesalina, Agripina o la reina Zenobia, y figuras literarias como las que pululan por el *Satiricón* de Petronio o por los escritos de Séneca. Toda esta galería tan estimulante de escenas —entre mito, leyenda apócrifa y realidad histórica— se acompaña también de pertinentes comparaciones y reflexiones que tienen que ver con la condición humana en general o, en particular, con algunos casos notorios de la historia posterior y de nuestra contemporaneidad. Esto nos dará bastante que pensar, mucho para sonreírnos y aún más para meditar sobre aquel viejo adagio de la Biblia latina que dice *nihil novum sub sole*. Al final, el foco se centra en la siempre atractiva Antigüedad tardía, con la historia del Papado y los albores de la Edad Media bizantina, con los que se quiere poner punto final, de forma muy coherente, a este amplio recorrido que se ciñe a la perspectiva de la historia antigua de Grecia y Roma en sus grandes periodizaciones.

En fin, esta es la gran aventura, a partir de peripecias individuales, que se propone al lector en lo que sigue: un gran mosaico confeccionado a partir de pequeñas teselas, un fresco colectivo que se compone de escenas singulares y detalles particulares. Como gran parte de lo que hemos recibido del mundo antiguo está compuesto, precisamente, de una agregación de elementos y una conjunción de realidades más o menos demostrables con elementos legendarios y detalles anecdóticos o pintorescos, que son recogidos por una tradición oral o popular, creo que cabe detenerse con placer en estos momentos singulares de la Antigüedad. Evoca este libro, frente a la gran historia, la incidencia de estas escenas emblemáticas, estelares, como diría Zweig, o singulares, como apuntan Marianne y Pedro Barceló, de la «pequeña historia» en la reminiscencia colectiva, esa suerte de gran memoria cultural de la humanidad. A veces, como veremos en estas páginas, esta perspectiva nos ayuda sobremanera a deslindar lo mítico, lo apócrifo y lo legendario de lo histórico. En la medida en que algo ha sido mucho más recordado o celebrado, puede que haya que desconfiar acaso más, muy a propósito en esta era nuestra de las *fake news*. Precisamente por ello les recomiendo indagar en el sendero que nos propone este libro, discriminando verdad y ficción, a fin de seguir aprendiendo y disfrutando de esa suerte de educación sentimental que es la tradición del mundo clásico con su rico e inolvidable anecdotario. ¡Buen viaje!

David Hernández de la Fuente

A modo de introducción:
en torno a Filemón y Baucis

La leyenda de Filemón y Baucis, cuya mejor versión es la transmitida por Ovidio, que actualiza este mito griego en sus *Metamorfosis,* se puede sintetizar en pocas frases: en una ocasión, Júpiter y su hijo Mercurio visitaron de incógnito una ciudad de Asia Menor, pero sus habitantes se mostraron muy hostiles con los forasteros y nadie quiso acogerlos en su casa. Tan solo Filemón y su esposa Baucis, una pareja de ancianos que vivían en una modesta choza en las afueras de la ciudad, recibieron hospitalariamente a los viajeros y les ofrecieron refugio y alojamiento.

Una inmejorable versión del ambiente amigable y relajado del encuentro nos la ofrece el famoso retablo de Rubens, una escena rebosante de armonía e intimidad. Mientras bebían vino, los anfitriones se dieron cuenta de que el contenido del ánfora no se acababa, por lo que la desconcertada pareja presintió que sus visitantes debían de ser criaturas especiales poseedoras de dones extraordinarios. Por eso, según la leyenda, la pareja de ancianos quiso sacrificar su único ganso para preparar una cena digna de sus invitados. Al cabo de cierto tiempo, los forasteros se revelaron finalmente como dioses e instaron al matrimonio a que les acompañara a un sitio alejado, pues querían preservarlos del castigo que iban a infligir a la población por su falta de hospitalidad. Desde un lugar resguardado, Filemón y Baucis pudieron ver cómo su ciudad se hundía en el suelo como consecuencia del mandato divino. Solo sobrevivió a la catástrofe su humilde morada, que resurgió entonces con un esplendor renovado transformándose en un magnífico santuario cubierto de oro y mármol. Cuando Júpiter, uno de los dioses, le preguntó a la pareja por sus deseos, Filemón y Baucis pidieron servir al templo hasta el final de sus días y luego, llegada su hora, morir ambos al mismo tiempo. La petición fue aceptada: pasaron allí el resto de su vida hasta que un día, ya muy ancianos, mientras conversaban en las escaleras del templo, se transformaron simultáneamente en dos árboles, un roble y un tilo. Así, a la pareja les fue concedida una dulce y apacible despedida de la vida.

El mensaje que subyace tras la leyenda de Filemón y Baucis es el del comportamiento ético del género humano hacia los forasteros, para destacar, en este caso, las acciones de aquellos individuos excepcionales que, sin pensar en los beneficios materiales, se dejan guiar por principios irreprochables. Ciertos rasgos de esta historia —inquietante por su violencia inherente, pero también conmovedora por su feliz epílogo— aparecen en diferentes versiones de las mitologías de otras culturas. La erradicación brutal de una pobla-

Pedro Pablo Rubens, *Júpiter y Mercurio en casa de Filemón y Baucis,* alrededor de 1625.

ción egoísta recuerda, por ejemplo, los episodios bíblicos de Sodoma y Gomorra y el papel desempeñado por el devoto Lot. También evoca algún pasaje de los Evangelios en los que se presta ayuda a los extranjeros, como el del buen samaritano. De estos ejemplos se infiere que tanto el enfoque de los relatos bíblicos como la narración de Ovidio se inscriben en un contexto cuyo interés se centra en el destino de los seres humanos y en su dependencia de los poderes sobrenaturales. En estrecha relación con este paradigma conceptual, asoma la amenaza del cruel desastre, que puede sobrevenir si se ignoran los mandatos divinos. También percibimos que el deseo de colmar una existencia plena es tan importante para los protagonistas como su mera supervivencia. En la leyenda de Filemón y Baucis, además, se añade otro aspecto: el anhelo de los hombres de envejecer con dignidad y de ser obsequiados con una muerte dulce que suponga el punto final a una vida feliz.

Precisamente este postulado ofrece un significado más profundo de lo que pudiera parecer a primera vista, si solo lo contemplamos de manera abstracta. Sirve al propósito de nuestro enfoque y, al mismo tiempo, ilumina la esperanza de que una reflexión sobre los textos que trataremos a continuación enriquezca tanto a los lectores como a nosotros mismos. Porque esta es la razón fundamental que persigue la presente obra. No queremos privar a otros —con sensibilidades y necesidades parecidas a las nuestras— de la viva emoción que hemos experimentado al seleccionar y elaborar los siguientes capítulos, sino permitirles que participen de esta conmovedora y a veces divertida reflexión sobre una amplia gama de temas cruciales de unas sociedades remotas en el tiempo, pero también muy cercanas a nosotros. Se trata de consignar sucesos que, más allá del horizonte de la experiencia histórica, contienen una profunda dimensión humana, revelan giros sorprendentes y, por último —pero no menos importante—, irradian un componente cómico o trágico, según el punto de vista que se adopte. Por decirlo de manera más informal, los temas expuestos pueden servir como una suerte de tapas previas al banquete, es decir, como una tabla de aperitivos que despierte el apetito del lector y le lleve a indagar más sobre la relevancia histórica y humana de los episodios elegidos. Sin renunciar tampoco al rigor científico, aspiramos principalmente a desarrollar una narrativa novedosa sobre algunos aspectos del mundo antiguo capaz de inspirar y estimular al lector y ayudarle a sumergirse en una de las etapas más apasionantes de la historia de la humanidad. En ningún caso se pretende aleccionar, sino más bien despertar la curiosidad hacia las actitudes, los comportamientos, los valores y la sabiduría de un mundo ya desaparecido y, con suerte, provocar alguna sonrisa sobre aquellos temas que podemos considerar eternamente humanos.

Los relatos recogidos en esta obra no tienen una intención didáctica premeditada ni siguen un orden histórico preconcebido; tampoco pretenden sistematizar la desbordante cantidad de material relativo a la Antigüedad. No es nuestra intención plantear un marco de interpretación semántico que se ajuste a una serie de puntos de vista determinados. La selección del material expuesto tiene como principal objetivo entretener al lector y, a través de su contenido, invitarle a profundizar en la comprensión de algunos de los acontecimientos más peculiares y relevantes de la Antigüedad clásica, cuyas constantes antropológicas eran tan válidas entonces como lo son hoy.

Nos centraremos en los diversos y complejos modelos de relación entre hombres y mujeres y en el difícil equilibrio entre la racionalidad, las emociones y las pasiones, como la avidez, el amor o el odio. Disertaremos sobre el éxito y el fracaso, la ambición y la codicia, los excesos y las transgresiones, las hazañas y los logros, así como sobre el trágico destino de algunos de sus protagonistas y su participación en epopeyas, escándalos, situaciones inverosímiles y juegos de vanidades. En varios capítulos se entrecruzan el mundo terrenal con el sobrenatural, y seremos testigos del anhelo de los individuos que nos han precedido por obtener seguridades y certidumbres eternas. Además, veremos cómo los poderes divinos interferirán repetidamente en el destino de los personajes más famosos de la Antigüedad, cuyos altibajos quedarán vívidamente reflejados en sus respectivas biografías. Tampoco faltará un toque de humor e ironía a la hora de comentar algunos episodios en los que quedarán plasmadas situaciones que podrán resultarnos extrañas desde nuestra perspectiva actual, un punto de vista que, naturalmente, no deja de ser subjetivo.

En última instancia, intentaremos aproximar al lector a contextos insólitos que le inciten a sorprenderse, asombrarse o incluso horrorizarse, situaciones que le hagan sacudir la cabeza o sonreír y que, en definitiva, pueda abordar con una buena dosis de imparcialidad y sosiego. Gran parte de los temas tratados pueden relacionarse con acontecimientos de nuestro mundo contemporáneo. En este sentido, esperamos que los lectores experimenten el mismo placer que nosotros al acercarse a la Antigüedad y que consideren la mirada hacia el pasado como un paso hacia delante, capaz de iluminar quizás una senda hacia el futuro.

1. Agamenón contra Aquiles: *cherchez la femme*

En comparación con los testimonios de la era micénica y los siglos oscuros (*Dark Ages*), las epopeyas homéricas nos permiten una comprensión mucho más diferenciada de las condiciones políticas, económicas y sociales del período arcaico. Es como si en una habitación en penumbras se encendiera de repente la luz, iluminando la parte correspondiente a la historia griega, que brillaría entonces con renovado esplendor. Sobre la base de la información proporcionada por Homero, podemos adelantar una evaluación bien fundada de las fuerzas motrices y las condiciones de vida de quienes protagonizan los episodios narrados. En ellos se ilustran con amplitud épica no solo sus apariciones públicas, sino también su privacidad, su mundo emocional y sus valores. Dichos personajes se acercan a nosotros, y eso nos afecta indudablemente, ya que nos reconocemos en ellos, a pesar de la gran distancia temporal existente.

Esta circunstancia se advierte ya en los primeros versos de la epopeya que aluden a un episodio de la guerra de Troya. Se trata de un llamamiento extremadamente dramático, referente a una difícil disputa que podría llegar a poner en duda la cohesión de la expedición:

> La cólera canta, diosa, de Aquiles hijo de Peleo, cólera funesta que un dolor infinito causó a los aqueos y tantas valerosas almas de héroes arrojó al Hades, haciéndolos presa de perros y de todas las aves. Se cumplía la voluntad de Zeus, desde que por primera vez se enfrentaron, tras una disputa, el Atrida, señor de guerreros, y el divino Aquiles[1].

Al comienzo de la *Ilíada,* una obra maestra literaria del arcaísmo griego, nos encontramos frente a la pasión indomable de un famoso guerrero que se había trasladado a Troya con sus compañeros para adquirir riquezas, fama y gloria inmortal. En la introducción a su epopeya, Homero, su creador, nos habla sobre la ira de un hombre ofendido. ¿Qué precedió a esta situación? Agamenón, líder del ejército heleno que asediaba Troya, había tenido una fuerte disputa con su más renombrado combatiente, Aquiles, debido a la cautiva Briseida. La situación, en la que los dos hombres pelean por una mujer en su afán por poseerla, nos es muy familiar. Agamenón arrebató la muchacha a Aquiles y la llevó a su tienda. Pero su autoridad sufrió las consecuencias de su acto, ya que Aquiles, a partir de ese momento, se negará a seguirlo en el combate, y el comandante en

---

1. Homero, *Ilíada* 1, 1-7. Traducción de Óscar Martínez García (Alianza Editorial, 2013).

jefe será incapaz de persuadirlo para que reanude la lucha. El estado de ánimo de Aquiles es comprensible. Al apoderarse de la joven, Agamenón impone su preeminencia en el reparto del botín de guerra y, al mismo tiempo, mancilla públicamente el honor de un compañero de armas, ya que la muchacha se hallaba en poder de Aquiles cuando Agamenón forzó su entrega. Este trató de capear la situación ofreciendo a su rival un regalo a cambio del rapto de Briseida, nada menos que siete «populosas fortalezas»[2], que Aquiles se negó obstinadamente a aceptar debido a su inquebrantable insistencia en el regreso de la joven cautiva. La reacción de Aquiles, razonable para nosotros hoy en día, fue difícil de transmitir a sus contemporáneos. El rechazar esa compensación tan generosa, tan solo por amor herido o por mero sentimentalismo, podría haber causado incomprensión. Ni siquiera el respetado Néstor tuvo éxito al tratar de mediar entre los dos gallos enzarzados en la pelea.

Briseida, esposa del hijo de un rey, había sido capturada por Aquiles en Lirneso durante una expedición de pillaje. Su esposo y sus hermanos sucumbieron en el combate, y entonces fue entregada a Aquiles como parte valiosa del saqueo. Según Patroclo, Aquiles incluso sopesó la idea de tomarla como esposa. Briseida, sin otra alternativa, no tuvo más remedio que someterse a su destino, pero su resignación no consigue ocultar la brutalidad de los acontecimientos que envolvieron su tragedia familiar. No obstante, la confrontación entre los caudillos griegos siguió su curso, y la desavenencia pública sobre el derecho de posesión de la cautiva Briseida entre Agamenón —el comandante del ejér-

---

2. Homero, *Ilíada* 9, 149, *op. cit.*

Pedro Pablo Rubens, *Briseida devuelta a Aquiles por Néstor,* alrededor de 1630.

cito– y Aquiles –a quien Agamenón consideraba tan solo un subordinado– culminará en una explosión de arrogancia y vanidad.

Puede que a nosotros, lectores modernos, ilustrados e individualistas, nos atraiga el modo en que Aquiles rechazó la propuesta de Agamenón. Pero, como apuntábamos antes la reacción del héroe griego seguramente fuera difícilmente comprensible para los coetáneos. La firmeza de Aquiles, su sentimentalismo e incluso su posible amor por Briseida no podían rivalizar con el valor de la generosa oferta realizada por el comandante griego. ¿Valía más en una sociedad tan patriarcal una mujer esclava que las considerables riquezas ofrecidas por Agamenón al agraviado Aquiles? La respuesta es claramente afirmativa, ya que de otra forma todo el desarrollo de los acontecimientos no tendría sentido.

Difícilmente se puede concebir una representación de las pasiones humanas más intensa que la que Homero fue capaz de construir de manera inimitable en su obra épica. El instinto de posesión, la ambición, la vanidad herida, la codicia, el consenso, la conciencia de poder y muchas más emociones son el tema de los versos homéricos, que aún hoy atraen nuestra atención precisamente por abordar asuntos que nos resultan actuales. Como en toda gran literatura cuyo contenido se inspira en los fenómenos antropológicos más básicos, observamos en esta obra reflejos de nuestra propia realidad. Además, no deja de fascinarnos la magia de un mundo lleno de aventuras, maravillas, acciones dramáticas y figuras temerarias, un universo literario donde quedan recogidas todas las manifestaciones del modo de vida griego.

Conviene no olvidar que los dioses intervienen una y otra vez en el destino de los hombres, convirtiéndose así en parte integral de los acontecimientos. Este aspecto desempeñará un papel decisivo en el curso de la trama en torno a Agamenón. El conflicto generado por la posesión de Briseida constituye, en realidad, la segunda parte del drama que se desarrolla en el campamento griego a las puertas de Troya. También en la primera parte la protagonista fue una mujer, Criseida, hija de un sacerdote de Apolo, que fue raptada por Aquiles durante una de las pequeñas escaramuzas que rodearon el asedio de Troya. Criseida también fue entregada a Agamenón como parte del botín, y como en el caso de Briseida, el destino de esta noble —hija de un sacerdote y, por tanto, una rehén de mucha valía— será motivo de un gran conflicto. En esta ocasión, fueron otras las razones que pusieron en duda el curso de la guerra. El padre de Criseida no cejó en su intento de recuperar a su hija, exigió su devolución y pidió ayuda al dios Apolo:

¿Quién de los dioses los empujó a batirse en contienda? El hijo de Leto[3] y de Zeus, que, encolerizado contra el rey, propagó por el ejército una plaga espantosa, haciendo que perecieran las tropas, porque el Atrida había ultrajado al sacerdote Crises. Este había acudido hasta las veloces naves de los aqueos con la intención de liberar a su hija; consigo portaba incontables rescates y en sus manos sujetaba, pendientes del cetro de oro, las cintas de Apolo, que hiere de lejos[4].

Agamenón amenazó al sacerdote, quien dirigió sus plegarias a Apolo pidiéndole venganza. El dios escuchará la súplica de su servidor lanzando flechas al campamento griego y causando numerosas víctimas entre los asaltantes. Para apaciguar la ira del dios, Agamenón se verá obligado a devolver a Criseida a su padre, razón por la cual reclamará a la prisionera de Aquiles, Briseida, como compensación. Se observa aquí que la presión ejercida por las fuerzas sobrenaturales desatará, y luego apaciguará, la crisis desencadenada por el robo de Criseida. Serán las decisiones tomadas a partir de entonces por los personajes humanos, guiados por su ensimismamiento, las que reflejarán la falta de perspicacia que a punto estuvo de dar al traste con toda la expedición. Como hemos visto, Agamenón exigió a su mejor guerrero su posesión más valiosa, Briseida, para paliar la pérdida de Criseida. Aquiles obedeció, pero esa decisión apartará del proyecto común griego al héroe, que más adelante reaccionará ante la demanda de su comandante con insubordinación. Solo después de recuperar a Briseida, y

3. Leto fue una amante de Zeus con quien había engendrado a Apolo.
4. Homero, *Ilíada* 1, 8-15. Traducción de Óscar Martínez García, *op. cit.*

para vengar la muerte de su camarada Patroclo, volverá Aquiles al campo de batalla.

Visto desde una perspectiva más amplia, la *Ilíada* ilustra cómo una serie de atractivas mujeres (caso de Helena, causante de la guerra, Criseida o Briseida) caen en las garras de hombres «ávidos de honor y proezas» que las consideran primordialmente objetos de valor. A las mujeres se les asigna un papel pasivo en la epopeya, mientras que los hombres son los actores principales y determinan en última instancia su destino. En cambio, la *Odisea* —sobre la que hablaremos en el capítulo siguiente— presenta un panorama bien diferente. En este caso será Odiseo, protagonista del poema épico, quien se verá atrapado una y otra vez en las redes de personajes femeninos que le impiden reencontrarse con Penélope, su mujer. Odiseo nunca quiso abandonar a su esposa, por lo que en un principio se había negado a participar en la empresa troyana de Agamenón fingiendo haber perdido la razón. A diferencia de Aquiles —quien hasta el incidente con Briseida había participado con entusiasmo en todos los episodios bélicos que rodearon la guerra de Troya—, Odiseo aparece empujado por los inescrutables altibajos de su destino. Los numerosos enredos y aventuras en los que se ve involucrado en el transcurso de sus viajes sugieren una imagen heterogénea de su personalidad no exenta de contradicciones. La complejidad del carácter de Odiseo, no obstante, contrasta fuertemente con el enfoque unidimensional que dispensa Homero a la mayoría de los personajes de la *Ilíada*. Bernard Zimmermann lo señala con acierto:

El Aquiles de la *Ilíada,* cuyo comportamiento está determinado por un rígido código de nobleza y honor, se contrapone en la

Odisea con un ser humano casi moderno, polifacético y de múltiples capas, características estas de Odiseo que ya se advierten en la *Ilíada*. Odiseo es la antítesis de Aquiles, pero también es su sucesor, pues es él, y no Áyax, cuyo comportamiento es comparable al de Aquiles, quien recibe las armas del difunto Aquiles por parte de los jefes del ejército[5].

En las epopeyas homéricas se manifiesta el sistema de valores y la actitud ante la vida de las élites griegas. El carácter autorreferencial inherente a las alabanzas que se prodiga a los protagonistas de los poemas deja entrever la cara oculta de una profunda crisis que, al resaltar sus contrastes, nos resulta más reconocible. Los nobles, seguros de sí mismos, tenían en baja estima a todos aquellos que quedaban fuera de su inalcanzable estatus aristocrático, marcaban distancias con ellos y hacían sus rituales y su forma de vida cada vez más exclusivos. Los artesanos, los campesinos y los comerciantes eran ignorados o despreciados al considerar que pertenecían a grupos sociales marginales, incapaces de participar en las gestas de una vida heroica.

El héroe homérico, con sus propios valores, contrastaba con los signos de disolución que mostraba el orden tradicional. Anteponía la ética guerrera, la lucha por la fama, el honor y su individualidad al espíritu solidario de la naciente polis, es decir: la comunidad ciudadana. Lo que parecía una postura unilateral en los poemas homéricos no era otra cosa que el intento —condenado de antemano al fracaso— de ignorar la realidad social y política de los siglos VIII y

5. B. Zimmermann, *Mythos Odysseus. Texte von Homer bis Günter Kunert,* p. 170, Leipzig, 2004. Traducción propia.

VII a. C. Al transmitir esta tensión, Homero abordó sutilmente una experiencia antropológica básica que, siglos más tarde, será puesta de relieve de manera incomparable por el *Quijote* de Cervantes en su proverbial batalla contra los molinos de viento. Paul Ingendaay ha encontrado al respecto una ingeniosa metáfora que ilustra la esencia de esta obra pionera:

> Es más que una novela, es más bien una sustancia líquida que se ha filtrado en las capas culturales del mundo y que ha cambiado la calidad del agua para siempre[6].

Lo que se afirma con razón para Cervantes no es menos cierto para Homero, el maestro de la iluminación épica del mundo.

6. *FAZ (Frankfurter Allgemeine Zeitung),* del 17 de abril de 2016.

2. Las tentaciones de Odiseo

En contraposición a la *Ilíada,* el protagonismo de las mujeres es bastante más notorio en la *Odisea,* cuya narración se centra en las luchas y la competencia entre unos hombres ávidos de conseguir fama eterna y sumar botines. Sin embargo, quienes piensan que solo los hombres constituyen la fuerza motriz de las epopeyas del pasado están equivocados. Ya en los textos de Heródoto, el excelso cronista del final de la era arcaica, se puede observar que ambos géneros, protagonizan múltiples procesos históricos de manera conjunta. En el prólogo de su obra, Heródoto nos cuenta que los fenicios provocaron el antagonismo entre Oriente y Occidente al secuestrar a Ío, la hija de un monarca griego, y llevarla a Egipto. Como consecuencia, los griegos raptaron a la princesa fenicia Europa y la condujeron a la parte del mundo que pronto recibiría su nombre. Es en esta dinámica de envidias, codicia y robos de nobles damas extranjeras en la que se enmarca la gran proeza troyana: el secuestro de la reina espartana Helena, considerada la mujer más bella de su tiempo, y su partida hacia Asia. Como es bien sabido, este acto desencadenó una memorable e inolvidable guerra que aún hoy en día estimula nuestra fantasía. A pesar de que la mayoría de las mujeres del mundo homérico son retratadas desde una perspectiva masculina y están definidas por sus respectivas parejas, Homero configura a algunas de sus protagonistas femeninas como seres inconfundibles y de gran determinación personal.

Entonces ¿cuál es el patrón que subyace tras esta secuencia de retos y secuestros? Para los autores antiguos estas mujeres poseían un aura especial y eran capaces de irradiar su singular energía a los demás. No eran consideradas solo objetos del deseo masculino, sino que también se revelan como elementos constitutivos para la conformación de la identidad de sus respectivos pueblos. Lo que resulta más significativo dentro de esta dinámica bidireccional es que los perjudicados por dicha cadena de raptos no pudieron asumir el peso de su pérdida y, en consecuencia, surge una dialéctica de venganzas y reparaciones de la que se derivan nuevos enredos que, a su vez, reconducen los acontecimientos por caminos insospechados. Es en este contexto donde se inscribe el destino de Odiseo: su regreso a Ítaca desde Troya, adonde se había desplazado para vengar el robo de Helena, se presenta cada vez más inquietante y pleno de complejidad. Las estaciones de su largo viaje se revelan como un panóptico de pruebas que el héroe debe superar para regresar a su punto de partida, donde desde hace años le espera su esposa Penélope, cortejada groseramente en su ausencia por aquellos que querían desposeer a Odiseo del gobierno de Ítaca. Pero ¿cuánto tiempo será capaz de resistir a las veleidades del azar? Al vagar por el tiempo y el espacio en un camino repleto de tentaciones y de auto-descubrimiento, el personaje principal de la epopeya aparece como un hombre empujado por las inescrutables fuerzas del destino hacia un periplo de incierto rumbo. Un patrón narrativo que han seguido después muchas otras figuras de la literatura universal, como el Egmont de Goethe, cuando en su búsqueda de sentido y orientación confiesa:

> Como azotados por invisibles espíritus, los caballos del sol del tiempo arrastran consigo el ligero carro de nuestro destino; y a nosotros no nos queda más que mantener firmes las riendas, con esforzado ánimo, y tan pronto a derecha como a izquierda, apartar las ruedas, aquí de una piedra, allá de un precipicio. Adónde se va, ¿quién lo sabe? Apenas recuerda uno de dónde viene[1].

La epopeya homérica gira en torno a las andanzas de Odiseo y se construye a base de elementos esenciales, como el regreso a las raíces, la superación de los peligros que se interponen en el camino, la persecución inquebrantable de una serie de claros objetivos, la escucha de la brújula interior y, con relación a todo ello, la búsqueda de la propia identidad, un aspecto que se hace especialmente visible en el episodio de Polifemo. El involuntario encuentro con la extraña figura del gigantesco cíclope tuerto, hijo de Poseidón, que vivía de manera solitaria en una enorme caverna rodeado de sus ovejas, resultará una de las pruebas más difíciles impuestas a Odiseo. El héroe y sus hombres habían

---

1. Traducción propia.

tropezado accidentalmente con la cueva del cíclope y tuvieron que presenciar cómo el gigante devoraba cruelmente a varios de sus compañeros. En su desesperación, Odiseo recurrió a un artificio fruto de su astucia para salir del aprieto: tras haber bebido vino, el gigante borracho se quedó dormido, momento que aprovecharon Odiseo y el resto de supervivientes para cegarle y poder escapar. Para ello tuvieron que colgarse del vientre de las ovejas que vivían con el gigante y confundirse con ellas para que el monstruo no los atrapara a tientas. El cíclope había preguntado a Odiseo por su nombre y este se había presentado como 'Nadie' (*oudeis,* en griego), estrategia que ahora le sería de mucha utilidad, pues cuando el héroe huyó de la pesadilla de la cueva burlándose de la descomunal criatura, el cegado Polifemo pidió ayuda a sus compañeros sin conseguir ningún éxito. Su apelación a la solidaridad comunitaria de los cíclopes resultó ineficaz, ya que a la pregunta sobre quién le había cegado, solo pudo responder: «Nadie me ha cegado». Lo que a primera vista tan solo parece una maniobra de distracción del «astuto» Odiseo, en realidad profundiza en la cuestión de su verdadera identidad.

Gracias a autoproclamarse como «Nadie», Odiseo puede eludir un peligro existencial. Pero ¿quién es realmente ese «Nadie»? La biografía del personaje nos revela numerosas facetas de su vida en las que lo vemos revestido de una asombrosa variedad de cualidades. En primer lugar, lo conocemos en su Ítaca natal como un hombre de familia que cuida fielmente de su mujer y su hijo. Más tarde, lo vemos actuar como un valiente guerrero lleno de inventiva, que, recurriendo al engaño y al ingenio, decide la expedición militar contra Troya construyendo el legendario caballo de madera. En su viaje de regreso a casa, tiene que sobrevivir a numerosas aventuras que le exigen desplegar toda su capacidad previsora y hacer uso de una gran agilidad mental, movilizando su extraordinaria energía para poder seguir adelante. Durante el desarrollo de los acontecimientos que lo atormentan, demuestra ser un hábil navegante y un líder respetado y reconocido por sus compañeros de peripecias. También se revela como un personaje en ningún modo ajeno a la violencia, como evidencia su despiadado ajuste de cuentas con los pretendientes de su esposa Penélope. Su versatilidad y su capacidad para adaptarse a las situaciones más adversas se convierten así en sus señas de identidad, pues nuestro protagonista es un solucionador nato y un maestro a la hora de manejar las circunstancias que le son impuestas. Su perseverancia y su firmeza ante las numerosas y difíciles tentaciones a las que se enfrentó conforman la imagen de un individuo inconfundible que se distingue claramente de las demás figuras de la epopeya.

El aura mágica que envuelve algunos de los encuentros de Odiseo sin duda contribuye a forjar la compleja descripción de su personalidad. Un claro ejemplo de ello son las dilatadas estancias en las que tuvo que convivir con las hechiceras Circe y Calipso, una mezcla de pruebas y tentaciones que resultaron tan exigentes como el enfrentamiento contra Polifemo. Lo que destaca de estas dos criaturas fabulosas es la mezcla de su fuerza primigenia y su papel como *femmes fatales*. Circe, por ejemplo, vivía en una casa palaciega en la isla de Eea, lo que sugiere un dominio cerrado cuyos límites geográficos quedan fijados por la imaginación del lector y la inmensidad del mar. Además, los encuentros con Circe y Calipso se prolongan asombrosamente, tanto que da la impresión de que los viajeros varados en la isla de Eea están a merced de una inquietante y siniestra fuerza contra la que no pueden defenderse. Circe, que se enamora de Odiseo, no duda en desplegar sus sofisticados poderes mágicos para demostrar su superioridad sobre los intrusos, como podemos observar en el pasaje que narra la transformación de los compañeros de Odiseo en cerdos:

> Encontraron las casas de Circe fabricadas con piedras pulidas en sitio abrigado [...]. Ya en la casa los hizo sentar por sillones y sillas y, ofreciéndoles queso y harina y miel verde y un vino generoso de Pramno, les dio con aquellos manjares un perverso licor que olvidar les hiciera la patria. Una vez se lo dio, lo bebieron de un sorbo y, al punto, les pegó con su vara y llevolos allá a las zahúrdas: ya tenían la cabeza y la voz y los pelos de cerdos y aun la entera figura, guardando su mente de hombres[2].

Como muestra claramente la bella composición pictórica de Bartholomeus Spranger, Circe no quiere dejar marchar a Odiseo, que ha caído preso en sus garras. A este respecto, resulta curioso que la expresión alemana *bezirzen* —cuyo significado es parecido al de 'engatusar' y que se sigue utilizando hoy en día— remonte su etimología a Circe.

Una vez más, Odiseo solo puede poner fin a este dulce pero involuntario cautiverio recurriendo a su sagacidad: siguiendo el consejo del dios Hermes, pide a Circe que le conceda el cumplimiento de un deseo, a lo que ella, efecti-

---

2. Homero, *Odisea* 10, 210-211, 233-240. Traducción de Carlos García Gual (Alianza Editorial).

Bartholomeus Spranger, *Odiseo y Circe,* alrededor de 1580.

vamente, accede. El héroe expresa la intención de prose-
guir su camino, y Circe debe cumplir su promesa si no
quiere faltar a su palabra. De esta manera, con la ayuda divina, Odiseo consigue huir tras un año de estancia en la

isla. Su barco pone por fin rumbo a Ítaca, pero en el horizonte ya acecha la siguiente prueba, otro obstáculo más que obstruye y dilata el ansiado regreso al hogar.

Tras perder a sus compañeros, Odiseo, agotado por sus andanzas, naufraga en la isla de Ortigia, morada de la enigmática Calipso. Calipso es una de las hijas del titán Atlas. Odiseo no tardará en sucumbir a los encantos de la seductora fémina. El encierro semiforzado de Odiseo en la gruta de la ninfa durará siete años, y en este caso el cautiverio tiene rasgos oníricos, a veces incluso hedonistas, y resulta quizás la tentación más dura impuesta a Odiseo. Aunque el héroe suele mostrarse durante toda su travesía muy decidido en su empeño de regresar a casa, es incapaz de librarse de las redes de esta mágica criatura. Calipso pone así de manifiesto los límites del héroe. Solo tras la intervención de Zeus —es decir, no como resultado directo de la acción de Odiseo— se rompe el hechizo mágico de seducción urdido por Calipso. De este modo, el héroe puede encaminarse hacia la siguiente etapa de un periplo asombrosamente largo, que poco a poco se acerca a su fin.

La isla de los feacios, en la que recala Odiseo tras volver a naufragar, se presenta como el modelo opuesto al hábitat mágico que emanaba del encantamiento de Circe y Calipso, y al duro entorno encarnado por los rudos cíclopes. En la idílica isla de Esqueria, a la que Odiseo es llevado tras perder su embarcación, prevalecen los modales civilizados hacia los forasteros. Esta circunstancia define el ambiente de una comunidad que parece más bien irreal, ya que en ella no hay espacio para la traición, la codicia o la anarquía. El hogar de este pueblo feliz, que se reúne en torno a su clase dirigente, es una espléndida ciudad conformada por sólidas viviendas. Homero describió la ordenada ciudad feacia, reconocible como polis, de la siguiente manera:

> Circundada verasla de una excelsa muralla; flanquéanla dos puertos hermosos, mas la entrada es angosta y en ella el camino bordean los panzudos bajeles varados en sendos refugios. Posidón tiene allá un bello templo y en torno se extiende la gran plaza con suelo de lajas hundidas en tierra[3].

Como si fuera la legendaria tierra en donde fluyen la leche y la miel, esta especie de *locus amoenus* se nos muestra gobernado por un viejo y sabio regente, Alcínoo, y su igualmente sabia y virtuosa esposa, Arete. Su hija Nausícaa se encarga de acoger al varado Odiseo como el hada madrina del cuento, y conduce al forastero, necesitado de protección, a la casa de sus padres, donde le proporcionan ayuda y seguridad, e incluso se le entregan valiosos regalos de bienvenida. La vida de los isleños parece regirse por sus eventos sociales, como las competiciones, los certámenes de poesía o los banquetes. Pero en la descripción del idílico lugar hay un detalle que conviene no pasar por alto: aunque los nobles agasajan al náufrago generosamente, es la comunidad en su conjunto la que costea sus gastos. Este hecho aporta un acorde de realismo a la descripción ideal del mundo feacio, aunque nos enseña también que la hospitalidad hacia los forasteros se comprendía como una tarea comunitaria, que concernía a todos los miembros de la sociedad y en la que todos debían participar. Otra característica particular de la polis feacia es la armonía reinante entre los poderosos. Aparentemente, esta

---

3. Homero, *Odisea* 6, 262-267, *op. cit.*

polis se dibuja como un esbozo idealizado y opuesto a la gris vida cotidiana de la mayoría de las ciudades griegas del siglo VIII a. C. Así, el sistema de gobierno de los feacios se erige en símbolo de una de las primeras utopías políticas de nuestra cultura.

Tras llegar por fin a Ítaca, el destino final en donde tantas esperanzas había puesto, Odiseo tendrá que soportar aún una última prueba. Alentados por su larga ausencia, varios nobles intentan persuadir a su esposa Penélope para que se despose con uno de ellos, de modo que el elegido pueda reclamar la posición de líder de la polis de Ítaca. Durante ese tiempo, la noble dama, a la espera del regreso de su marido, demora lo más posible su decisión y utiliza todo tipo de argucias y tácticas dilatorias para frustrar los planes matrimoniales, mientras sus pretendientes se instalan descaradamente en su casa dilapidando las posesiones de su dueño ausente. Y, de repente, la situación cambia. El retornado Odiseo entra en escena blandiendo sus armas y vengándose de los pretendientes, quienes habían abusado vergonzosamente de las normas de hospitalidad. Gracias a su experiencia en el combate y a su dominio del tiro con arco, Odiseo logra exterminar a sus rivales, a pesar de que le superaban en número. De esta manera, el restablecimiento de su liderazgo en su ciudad natal se fraguará merced a su destreza y mediante una orgía de sangre. Odiseo demuestra a los habitantes de Ítaca, en términos inequívocos, quién es el amo y señor en su propia casa y, por tanto, el personaje principal de la isla. Nadie alza la mano ni se posiciona en su favor o en su contra. Odiseo escribe un nuevo y sangriento capítulo en la historia de la polis ante la mirada de sus habitantes, que contemplan cómo se ensaña con sus adversarios.

Previamente, la capacidad previsora de Odiseo le había ayudado a conquistar Troya. También había conseguido sobrevivir a sus largos y difíciles viajes con el apoyo de aquellos dioses favorables a su causa y, sobre todo, gracias a su talento para la improvisación. Su lucidez y su espíritu le sirvieron para urdir el engaño a Polifemo, superar las tentaciones de las sirenas y huir de las garras de Circe y Calipso. Al llegar a Ítaca, Odiseo tuvo que recurrir a otra artimaña para asegurar su éxito. Disfrazado de mendigo, se hizo primero una idea general de la situación en la isla antes de aparecer públicamente para satisfacer sus ansias de venganza. Al pasar en gran parte desapercibido, pudo preparar cuidadosamente el escenario donde eliminaría a los pretendientes de Penélope, aprovechándose del factor sorpresa para cogerlos desprevenidos y poder doblegarlos más fácilmente.

En un sentido figurado, el largo regreso a casa representa la búsqueda y el encuentro del camino hacia uno mismo. El viaje de retorno y sus vicisitudes mantuvieron activo el intelecto del héroe, que, conforme avanzaba en su aventura, iba madurando, adquiriendo un mayor control sobre sí mismo y alcanzando un notable grado de autoconocimiento. En este sentido, tiene lógica que Max Horkheimer y Theodor Adorno recurrieran a un capítulo de la *Odisea* para aclarar la tesis central de su obra *Dialéctica de la Ilustración,* escrita tras los horrores de la Segunda Guerra Mundial y que problematiza la condicionalidad y los límites del espíritu humano, como sugiere el título de la obra. El capítulo en cuestión nos cuenta que, poco antes de arribar al lugar donde las sirenas desplegaban su irresistible poder de seducción —que había condenado a las tripulaciones de los barcos que habían tenido la mala fortuna de pasar por allí—, Odiseo ordenó tapar con cera los oídos de los remeros de su embarcación y se hizo atar al mástil de la nave para poder escuchar así su canto y no sucumbir a él.

Odiseo oyendo el canto de las sirenas.

3. Hipoclides pierde los papeles bailando

Heródoto, el insigne historiador nacido en Halicarnaso, narra con todo lujo de detalles en el sexto libro de su obra el legendario cortejo y la posterior boda que tuvieron lugar en la residencia del tirano Clístenes de Sición. Toda la *jeuneusse dorée* de Grecia suspiraba por la mano de la hija de Clístenes, Agarista. El párrafo de Heródoto es un documento extraordinario para conocer cuál era la imagen que las élites griegas tenían de sí mismas y para comprender tanto el ambiente como las peculiaridades de la sociedad de la época. Dicho texto, además, nos ofrece un particular «quién es quién» de la gran comunidad panhelénica, es decir, un grupo de individuos que estaban estrechamente vinculados entre sí y compartían una serie de opiniones y modos de vida comunes a pesar de la enorme extensión territorial de su hábitat. Como si de un barómetro se tratase, las siguientes notas nos permiten valorar cuál era la actitud imperante a finales de la era arcaica, en el siglo VI a. C. Dejemos que el extenso relato de Heródoto nos informe al respecto:

Mientras se celebraban los Juegos Olímpicos —en el curso de los cuales obtuvo la victoria con su cuadriga—, Clístenes hizo lanzar un bando según el cual todo griego que se considerara digno de convertirse en yerno suyo debería presentarse en Sición al cabo de sesenta días, o incluso antes, ya que él se proponía celebrar la boda en el plazo de un año a partir de la fecha citada. Entonces, todos los griegos que se sentían ufanos de su valía personal y de su patria fueron acudiendo en calidad de pretendientes. Clístenes, a tal efecto, había hecho construir para los asistentes un estadio, así como una palestra. Pues bien, de Italia llegaron Esmindírides de Síbaris, hijo de Hipócrates, un sujeto singular que, como es sabido, llegó en su gusto por lo exquisito a los mayores extremos (por cierto, que, por esas fechas, Síbaris estaba en el cénit de su poderío), y Dámaso de Siris, hijo de Amiris (a quien se denominaba «el Sabio»). Esos pretendientes llegaron de Italia; mientras que, desde el golfo Jonio, lo hizo Anfimnesto de Epidamno, hijo de Epístrofo. Ese fue el pretendiente que llegó del golfo Jonio. También se presentó un etolio, un hermano de Titormo —el famoso Titormo, cuya potencia física no tuvo parangón en Grecia y que rehuyó todo contacto humano, refugiándose en lo más recóndito de Etolia— llamado Males. Del Peloponeso acudió Leocedes, hijo de Fidón, el tirano de Argos (el célebre Fidón, que fijó entre los habitantes del Peloponeso los sistemas de pesos y medidas y que, sin lugar a dudas, fue la persona más arrogante de toda Grecia, hasta el punto de que cesó a los eleos que presidían los

Juegos Olímpicos y él personalmente organizó la competición). Además del hijo de ese sujeto, se presentaron también Amianto, hijo de Licurgo, un arcadio originario de Trapezunte, Láfanes —un azanio oriundo de la ciudad de Peo—, hijo de Euforión (quien, según una historia que circula en Arcadia, albergó en su casa a los Dioscuros y que, desde entonces, brindaba hospedaje a todo el mundo), y un eleo llamado Onomasto, hijo de Ageo. Estos fueron, en suma, los pretendientes que acudieron desde el propio Peloponeso. De Atenas llegó Megacles, hijo de Alcmeón (el sujeto que se trasladó a la corte de Creso), y, con él, Hipoclides, hijo de Tisandro, el ciudadano más rico y apuesto de Atenas. De Eretria, que por aquel entonces gozaba de una floreciente prosperidad, acudió Lisanias, la única persona de Eubea que lo hizo. De Tesalia se presentó Diactóridas de Cranón, un miembro de la familia de los Escópadas; y, desde el territorio de los molosos, lo hizo Alcón. Tal fue, en total, el número de pretendientes. A su llegada en el plazo establecido, Clístenes lo primero que hizo fue recabar información acerca de sus patrias y de la alcurnia de cada uno. Posteriormente, los retuvo a su lado durante un año y puso a prueba su valía personal, sus inclinaciones, su educación y su carácter, tanto en entrevistas privadas con cada uno de ellos como en reuniones conjuntas. Asimismo, a los pretendientes más jóvenes se los llevaba a realizar ejercicios gimnásticos; pero donde los puso a prueba con mayor atención fue en la mesa, pues, durante todo el tiempo en que los retuvo a su lado, se dedicó constantemente a esa tarea y, además, los agasajó espléndidamente[1].

1. Heródoto 6, 126. Traducción de Carlos Alcalde Martín (Alianza Editorial).

Finalmente llegó el momento decisivo y hubo que pronunciarse sobre cuál de todos los aspirantes sería el más digno para desposar a Agarista. Durante el minucioso examen que pasaron los candidatos más prometedores, fue el distinguido y rico ateniense Hipoclides, hijo de Tisandro, quien más llamó la atención. Emparentado con el influyente clan de los Cipsélidas de Corinto, Hipoclides estaba muy bien relacionado y la reputación de su noble familia era impecable. Parecía que era el candidato ideal para convertirse en el futuro yerno de Clístenes. Asumiendo que sería él quien ganaría la carrera por la conquista de Agarista, Hipoclides dio rienda suelta a sus pasiones. Pidió a un flautista que entonara una melodía y, embriagado por la alegría, comenzó a bailar con tal entusiasmo que se sumió en un estado de éxtasis provocado por la euforia de creerse el vencedor de la contienda. La situación fue sumamente inusual, y debió de dejar atónita a la noble concurrencia.

Se esperaba que los pretendientes de Agarista demostraran valor, destreza, agudeza mental y capacidades físicas en las competiciones atléticas, tanto en el hipódromo como en el campo de batalla, pero no en la pista de baile. La actuación de Hipoclides se consideró un placer frívolo y finalmente no terminó de convencer a Clístenes, a quien no causó buena impresión. Los asistentes al evento —especialmente el padre de la novia— quedaron sorprendidos por el exceso de confianza y el comportamiento inapropiado del estrafalario ateniense. Tras el vergonzoso y extraño espectáculo del baile, la candidatura del joven quedó prácticamente descartada. Con su actitud extravagante, Hipoclides malogró la oportunidad de conseguir su objetivo. Su desenfrenada pasión por la danza había nublado su entendimiento y le había inducido a actuar de manera inadecuada, frustrando así sus aspiraciones. Finalmente fue otro ateniense, Megacles, quien se convirtió en el afortunado ganador de la competición por la mano de Agarista.

Llama la atención que, durante el cortejo, los candidatos se preocuparan sobre todo de agradar a Clístenes, el padre de la novia, y no a la propia Agarista. También los autores antiguos centraron su interés principalmente en el poderoso potentado de Sición, y apenas en su hija, de la que sabemos su nombre y poco más. No nos han sido revelados ni la intención ni el parecer de la joven ante el gran evento que se estaba celebrando en su honor. Habría sido interesante saber siquiera si habían consultado a la joven sobre la aptitud de sus múltiples pretendientes. Si alguna vez tuvo una opinión propia sobre el fausto certamen en torno a su persona —lo que es más que probable—, se la guardó sabiamente para sí.

Salta a la vista el paralelismo con la espléndida boda de la legendaria Helena de Esparta, quien, tras su rapto por Paris, se convertirá en Helena de Troya. El eco de la epopeya troyana resuena en cada uno de los componentes del cortejo y las ceremonias nupciales, así como en la competición entre los candidatos, el simposio, los regalos y, en general, en la espléndida escenificación del largo festejo, en cuyo transcurso se cuenta que se sacrificaron y comieron cien bueyes.

El estilo y la forma de vida de la alta sociedad griega reflejada en este tipo de eventos tienen su raíz en el modelo épico, que muestra y dictamina la actitud deseable ante la vida. Es evidente que en la corte de Clístenes estaba muy presente el espíritu de Homero. Hipoclides, el protagonista de este episodio, sin embargo, se muestra muy alejado de las cualidades que teóricamente encarnaban los héroes homéricos. Más bien al contrario, parece que su comportamiento tiene poco de heroico. Debido a su extraño estado de embriaguez, sucumbió al autoengaño y se dejó seducir por los demonios de la pasión, al igual que le sucediera a Paris cuando se llevó a Helena a Troya. Sumido en el éxtasis de su aparente victoria, Hipoclides no supo diferenciar entre el mundo de las apariencias y la vida real, actitud que recuerda a la figura del Simplicissimus del ingenioso autor barroco Grimmelshausen.

4. Sobre la infalibilidad
de los oráculos o la ceguera de Creso

El significado del dicho «rico como Creso» es proverbial. Hoy en día el famoso potentado del siglo VI a. C. todavía se sigue considerando un referente por la magnitud de las posesiones que acumuló y la prosperidad de su reino. Pero ¿cómo era Creso realmente? ¿Cómo fue capaz de amasar y conservar tal cantidad de riqueza? ¿Qué hizo después con ella? ¿Aprovechó las muchas oportunidades que le brindaron sus recursos y su poder? Para poder responder a estas preguntas, primero analizaremos un testimonio arqueológico único, luego compararemos su significado con los informes que nos han llegado mediante la transmisión literaria de su biografía y, finalmente, basándonos en los resultados, intentaremos explicar la relación de Creso con el oráculo de Delfos.

Al observar la imagen del ánfora, llama la atención una enorme pira funeraria con forma de estrado. Sobre ella,

Ánfora de Creso (alrededor del 500 a. C.). Ánfora ática de figuras rojas decorada por el pintor Misón. París, Museo del Louvre.

como si fuera un trono, aparece sentada una figura masculina con actitud señorial. Barbado y ataviado con un manto, el personaje porta un bastón en su mano izquierda y, en su mano derecha extendida, sostiene un cuenco en lo que parece una libación. La figura también luce una corona de laureles. Frente a él, un sirviente se inclina para encender la pira con una antorcha. La figura sentada en el «trono» es Creso, rey lidio del siglo VI a. C., que, tras su derrota frente al rey persa Ciro, se preparaba para su inevitable final. La escenificación de Creso que aquí observamos es la imagen de un gobernante que acepta su destino. Pese a haber sido derrotado y haber perdido su reino, Creso es representado en el ánfora entronizado y majestuoso, incluso en su pira funeraria. Una actitud que recuerda a la ejemplaridad del «espejo de príncipes», algo notable, ya que el arte griego se esforzó mucho por negar un protagonismo iconográfico a los hombres de Estado que se disputaban el poder y la influencia en su polis. Los gobernantes extranjeros, en cambio, sí podían ser representados pictóricamente. Es, por tanto, un esfuerzo inútil tratar de buscar a los prominentes gobernantes griegos en las artes visuales de la época.

Conocemos el ascenso y la caída del imperio lidio gracias a la descripción histórica que nos brindó Heródoto tres generaciones después de Creso (hacia finales del siglo V a. C.). Al contrario de lo que sugiere la imagen mostrada en el ánfora, en el texto Creso es salvado por los dioses y finalmente no se cumple la sentencia de muerte que pesaba sobre él. Según la obra de nuestro cronista, la decadencia del imperio lidio conllevó la expansión del poder persa en Asia Menor, lo que, a su vez, sentó las bases del conflicto entre griegos y persas que culminó en el enfrentamiento entre las ciudades-Estado griegas y el imperio de los aqueménidas (la casa gobernante persa). Desde la perspectiva histórica de la época clásica, el rey lidio Creso aparece como paradigma del gobernante oriental. Su nombre es sinónimo de un poder y de un esplendor áulico desconocidos entonces en el mundo griego. Su proverbial riqueza le dio fama más allá de las fronteras de su patria, Lidia, y las ofrendas realizadas en el santuario de Delfos en reconocimiento a las predicciones del oráculo son testimonio de su legendaria generosidad. Se cuenta que Creso había acudido en numerosas ocasiones al oráculo de Delfos y se había mostrado satisfecho con los mensajes transmitidos por la Pitia. Sin embargo, Heródoto también lo retrata como un personaje claramente narcisista y lleno de prejuicios, fruto de su enorme opulencia. Para ilustrar sus rasgos, Heródoto elabora un encuentro ficticio entre el monarca oriental y el estadista griego Solón, del que se dice que, en uno de sus largos viajes, llegó a Sardes, la capital del imperio lidio.

Así pues, por estas razones precisamente y para ver mundo, partió Solón de su ciudad y llegó a Egipto, a la corte de Amasis, y también a Sardes, a la corte de Creso. A su llegada, fue hospedado por Creso en el palacio real y, dos o tres días después, por orden de Creso unos sirvientes condujeron a Solón a ver sus tesoros y le mostraron sus inmensas riquezas[1].

Mediante un recurso estilístico literario habitual en la tragedia, Heródoto enfrenta a Creso y Solón como personificaciones de dos modelos culturales diferentes. Mientras

1. Heródoto 1, 30, 1, *op. cit.*

que el rey Creso disfruta con sus riquezas y la magnitud de su poder —que configuran el sentido de su existencia—, Solón se nos muestra como representante del ciudadano virtuoso consagrado al servicio de la comunidad. Esta contraposición de modelos e ideas antagónicas se acentúa con las afirmaciones que Heródoto pone en boca de Solón cuando este responde de forma inesperada a la pregunta de Creso:

Huésped ateniense, nos ha llegado una gran fama acerca de ti a causa de tu sabiduría y de tus viajes, ya que, por deseo de saber y de ver mundo, has recorrido muchos países; por tanto, me ha asaltado ahora el deseo de preguntarte si has visto ya a alguien que sea el más feliz de todos los hombres». Hizo esta pregunta pensando que él era el más feliz de los hombres, pero Solón, sin emplear halagos, sino la verdad, le dijo: «Sí, majestad, a Telo el ateniense». Asombrado por lo que había dicho, Creso le preguntó con curiosidad: «¿Por qué motivo consideras que Telo es el más feliz?». Y él respondió: «Por una parte, Telo tuvo hijos excelentes en una ciudad próspera y vio que a todos ellos les habían nacido hijos y que todos estaban vivos; por otra, cuando gozaba de un bienestar tan grande como puede haberlo entre nosotros, le sobrevino el final de la vida más glorioso: acudió a un combate que los atenienses habían trabado con sus vecinos en Eleusis y, tras poner en fuga a los enemigos, murió de manera muy honrosa y los atenienses le dieron pública sepultura en el mismo lugar en el que había caído y le tributaron grandes honores[2].

2. *Ibid.*, 2-5.

La conversación ficticia entre Creso y Solón nos permite realizar una lectura ética de una cuestión fundamental: hasta qué punto son comparables el anhelo de la felicidad individual y las exigencias que el Estado demanda a sus ciudadanos. La propuesta ofrecida por Solón, que llama la atención por su actualidad, sitúa el interés público por encima de las preocupaciones privadas. Recurriendo a la figura del ciudadano ideal, Heródoto, a través de Solón, realiza toda una declaración política: el bien común es más importante que la felicidad personal. El historiador expresa aquí con toda claridad una idea que conforma el arquetipo patriótico constitucional postulado por Jürgen Habermas para las sociedades democráticas contemporáneas y que ya había sido articulado de forma rudimentaria en la tragedia griega.

La idealización de Solón frente a la crítica implícita al rey lidio permite a Heródoto dibujar el arquetipo de un gobernante cegado por su riqueza, incapaz de lograr el equilibrio entre gobernar y ejercer el poder. La lucha entre Lidia y Persia por el control de Oriente Próximo es un buen ejemplo de la transgresión de esa frágil línea, que a la larga provocará la caída del confiado Creso. Con el enfrentamiento entre lidios y persas como telón de fondo, enmarcado por el proceso de expansión del imperio aqueménida hacia el oeste en la segunda mitad del siglo VI a. C., Heródoto construye con intención didáctica uno de sus capítulos más sugerentes sobre la atracción que el poder es capaz de ejercer sobre todas las personas que sucumben a su seducción.

Convencido de su superioridad, Creso envió mensajeros a Delfos para preguntar al oráculo sobre el resultado de la inminente campaña que pretendía emprender contra Ciro. La respuesta de Delfos pareció confirmar su optimismo inicial, ya que la Pitia le informó de que, si cruzaba el río Halis, un gran imperio sería destruido[3]. Lo que Creso interpretó como la confirmación de su grandeza frente a los persas resultó ser la caída de su reinado. El doble sentido de esta predicción —no exenta de cierta ironía— no solo subraya los caprichos del destino, sino que, de forma retrospectiva, resultaría una caricatura grotesca de la *hybris* del rey lidio. En su vanidad, Creso no parece haber dudado ni por un instante de sus posibilidades de victoria, lo que lo llevó a embarcarse en una empresa que tenía perdida desde el principio. Cuando el gobernante lidio se puso a la cabeza de sus tropas y cruzó el río Halis, terminaría realmente destruyendo un imperio: el suyo propio. El oráculo había tenido razón.

La influencia del oráculo de Delfos traspasó las fronteras del mundo griego. Antes de cada empresa colonial, las ciudades consultaban a los sacerdotes del dios Apolo que prestaban sus servicios en el templo de Delfos. Con el tiempo, en el santuario terminó acumulándose gran cantidad de información, y desde allí se diseñaron directrices que convirtieron a la ciudad-oráculo en un importante centro de poder del desarrollo colonial en el mundo mediterráneo. Hay muchos ejemplos de la famosa fiabilidad de las predicciones del oráculo, aunque posiblemente la más conocida sea la ofrecida al ateniense Temístocles, quien había buscado consejo en Delfos ante la previsible invasión persa de Grecia. El oráculo le comunicó que, para poder rechazar al enemigo, debía levantarse un muro de madera. El astuto ateniense interpretó la predicción del oráculo como el mandato para

3. *Ibid.*, 1, 53 ss.

construir una gran flota que defendiera su ciudad, amenazada en la bahía de Salamina. Las naves, hechas de madera, constituirían el muro defensivo que vaticinó el oráculo. El éxito en la posterior batalla dio la razón a la profecía y confirmó la impresionante «infalibilidad» del respetado oráculo, infalibilidad que ya había quedado patente en el caso de Creso.

5. Un reino por un caballo

En las sociedades pretéritas existía una conexión especial entre la humanidad y el mundo de la fauna. Para los antiguos, los animales ejercían una influencia especial en el destino de los hombres, un poder que podía ayudarles a conseguir grandes metas o ampliar y estimular determinados logros. Existen numerosos ejemplos de cómo el espíritu anímico de los animales tuvo gran repercusión en las prácticas de gobierno de muchos Estados de la Antigüedad. El comportamiento de ciertas especies animales se consideraba un medio a través del cual los dioses transmitían mensajes a los hombres, algo muy importante tratándose de un ambiente social lleno de peligros e incertidumbre.

Si nos fijamos en la práctica de los augures en la antigua Roma, observamos la estrecha relación que existía entre el mundo animal, la esfera de lo divino y el ambiente privado y estatal. No se concebía la vida política de la urbe sin tener en cuenta el minucioso examen al que eran sometidos los órganos internos de los animales sacrificados —especialmente los hígados— o el trazado del vuelo de aves, que servía para predecir el futuro[1]. Las águilas, como soberanas del aire, desempeñaron una función importante en ese sentido. El autor romano Tito Livio relata en el primer libro de su obra historiográfica que Rómulo consiguió imponerse en Roma porque doce águilas se juntaron y sobrevolaron su cabeza, mientras que solo seis se dispusieron sobre la de su hermano y competidor, Remo. Las aves que habían decidido agolparse y situarse encima de Rómulo estaban, naturalmente, siguiendo un designio divino, lo que da cuenta del enorme poder simbólico que estos animales poseían con respecto a Roma y su futura misión divina. Aunque en aquellos tiempos Rómulo no fuera más que el fundador de una pequeña e insignificante ciudad en la desembocadura del Tíber, en el relato de Tito Livio ya se insinúa su importancia como punto de partida de lo que más tarde sería una potencia universal.

Hablemos ahora de otra gran potencia de la Antigüedad —no menos importante que Roma— y del papel que un animal, en este caso un caballo, desempeñó en la ascensión al trono de un individuo que llegó a convertirse en el gobernante más poderoso de su época. Según la versión del cronista Heródoto, el rey persa Darío había logrado la supremacía gracias al comportamiento de su noble corcel, de manera similar a Rómulo (según Tito Livio), que había alcanzado su dominio gracias al vuelo de las águilas. Pero ¿fue realmente el comportamiento de su caballo el hecho decisivo que llevó a Darío a elevarse sobre todos sus rivales,

1. Para el significado de los pollos sagrados, véase el capítulo 14.

permitiéndole con ello gobernar la primera potencia de su época?, ¿o fueron otros los factores que promovieron el ascenso del que sería el gobernante más emblemático tras Ciro, icono fundador del reino aqueménida? Antes de profundizar en las causas de la llegada al poder de Darío, detallaremos brevemente la génesis de dicho imperio, su fase de expansión, así como la interacción entre el reino persa y las ciudades-Estado griegas que se opusieron a su avance hacia occidente.

Desde que Ciro, tras derrotar a Creso, sometió Lidia y las ciudades jónicas de Asia Menor alrededor del año 545 a. C., la inmensa sombra del poderío persa se cernió sobre el mundo heleno. El historiador griego Heródoto creó un impresionante monumento literario reconstruyendo los altibajos de las relaciones entre Europa y Asia, lo que le ayudó a posicionarse en el cambiante paisaje político de la época que culminará en las legendarias Guerras Médicas. Al mismo tiempo, esta circunstancia servía para satisfacer el creciente interés que la posteridad mostraba por unos acontecimientos tan trascendentales para el devenir del continente europeo. Tras los poemas homéricos, la obra del historiador Heródoto será la más difundida de la literatura griega. Ambos autores describen los enfrentamientos entre diferentes etnias europeas y asiáticas inmersas en una lucha de poder. Mientras que en la obra de Homero no existe rastro de una rivalidad exacerbada entre Oriente y Occidente, a través de Heródoto, un contemporáneo de la era de Pericles, se puede observar cómo el antagonismo greco-persa aparece no solo como una antítesis geopolítica, sino también como una pugna entre conceptos estatales y culturales contrapuestos. En la literatura del siglo IV a. C. este contraste se afianzará en la mentalidad helénica, que perfilará de manera chovinista la imagen del oriental como persona decadente e inferior respecto a la civilización griega y lo convertirá, así, en el prototipo del bárbaro por excelencia. Incluso notables intelectuales de la talla de Isócrates, Platón o Aristóteles, obviando toda clase de razonamientos críticos, se harán eco de estos prejuicios y tópicos.

Al transmitir el debate que, se dice, tuvo lugar en la corte persa con motivo del ascenso de Darío al trono del imperio aqueménida, Heródoto detalla los argumentos intercambiados en esta disputa que ilustran de manera paradigmática el ideario político de las élites persas, en cuyas manos estaba la decisión sobre el futuro de su reino. Siguiendo la narración de Heródoto, la controversia se decidirá gracias a una sutil y oportuna pregunta formulada por el propio Darío, que resultará finalmente el vencedor del certamen:

¿Cómo obtuvimos (los persas) la libertad y quién nos la dio? ¿Acaso la obtuvimos del pueblo, de una oligarquía o de un monarca? Nosotros conseguimos la libertad gracias a un solo hombre (Ciro), y por ello soy de la opinión de que mantengamos tal régimen[2].

Paradójicamente, no serán las intervenciones de mayor peso las que resulten a la postre decisivas para dirimir la cuestión, sino que prevalecerá como argumento la alusión al pasado. En su día, el reinado de Ciro había conseguido la libertad de los persas, y en consecuencia el propio Darío sugería que su gobierno debía garantizar la continuidad de

2. Heródoto 3, 82, 5, *op. cit.*

lo logrado. En este contexto, la libertad no ha de ser entendida aquí como un valor individual, sino como un concepto colectivo, es decir, como sinónimo de la liberación del yugo de sus opresores medos. Con ello dicha forma de entender la libertad, que benefició sin duda a la población persa en su conjunto, quedaba asociada al sistema monárquico, una forma de gobierno indisolublemente ligada a la personalidad de Ciro, el fundador del imperio.

A la hora de evaluar estos hechos, Heródoto se centra principalmente en las repercusiones que la génesis y evolución del imperio aqueménida tuvieron en relación con Grecia. Aunque los griegos valoraban los logros militares de los aqueménidas –que habían creado un imperio que abarcaba desde la India hasta el Mediterráneo y desde Egipto hasta el Cáucaso, y estaba basado en la forma monárquica de gobierno–, también consideraban la figura todopoderosa de su rey como un despropósito, como una tiranía. Por ello la opinión de los intelectuales griegos sobre el gobierno persa estuvo siempre dividida, oscilante entre la aceptación y la crítica. Junto al reconocimiento de sus ventajas, también se manifestaba un claro rechazo a un gobierno monárquico tildado de despótico por los habitantes de unas ciudades-Estado que se regían por opciones políticas participativas abiertas a toda la población. Un buen ejemplo de esta dualidad es la graciosa anécdota narrada por Heródoto sobre el modo en que Darío alcanzó el trono:

> En cuanto a la dignidad real, decidieron lo siguiente: llegar cabalgando a las afueras de la ciudad y que ocupara el trono aquel cuyo caballo relinchara primero a la salida del sol. [...] Entonces el caballo de Darío echó a galopar y lanzó un relincho.

Y al mismo tiempo que el caballo hizo eso, de un cielo despeja-
do surgieron un relámpago y un trueno. Estos fenómenos que
se añadieron en favor de Darío, como si se hubieran producido
por un plan determinado, lo confirmaron en el trono. Los
otros descabalgaron y se prosternaron ante Darío[3].

Este relato, al que sin duda hay que otorgar poca credibilidad histórica, dista mucho de transmitir una valoración
positiva de la monarquía persa. Los hechos descritos podrían considerarse más bien una anécdota propia de bárbaros, extraña para todos aquellos ajenos a la cultura persa.
Sin embargo, el elemento ficcional desempeña en este caso
un papel secundario. En la estructura de la obra de Heródoto se refleja la cosmovisión griega, que anteponía el orden participativo heleno al sistema de dominio despótico.
El ideario de las virtudes ciudadanas, proclamado propagan-
dísticamente por los autores griegos, se diferenciaba de manera notoria de la imagen política del gobernante persa, representada por los reyes aqueménidas. En el espléndido
recinto palaciego de Persépolis, epicentro del imperio persa
y reflejo de su estilo de gobierno, la visión de la monarquía
oriental se plasmará en las paredes de la residencia de sus so-
beranos, como muestra la ilustración de la siguiente página.

A través de los relieves tallados en piedra que constituyen una parte del monumental complejo estatuario que
nos muestra la imagen, observamos una escena protocola-
ria de la corte persa. Cabe subrayar el sorprendente contraste entre la sobria majestuosidad de Darío en su función
como todopoderoso Rey de Reyes y la curiosa anécdota de

3. *Ibid.,* 84-87.

El Rey de Reyes, Darío, en su trono. Relieve monumental de la Casa de los tesoros del palacio de Persépolis.

su ascensión al trono imperial a través del episodio del relincho del caballo transmitido por Heródoto. Ambas situaciones —la pompa y suntuosidad desplegada por el rey Darío en su sede gubernamental y el grotesco y, como veremos, picaresco método de su elección como gobernante— parecen provenir de esferas ideológicas contrapuestas.

Estas escenificaciones tan dispares acerca de los entresijos de la corte persa no solo proclamaban un mensaje político, sino que también resaltaban las diferencias entre sistemas de gobierno y mentalidades culturales antagónicas. Heródoto, al ensalzar un determinado listado de valores éticos, también pretende retratar un modelo de vida ciudadano claramente distanciado de la identidad política persa. En la tragedia *Los persas,* escrita por el dramaturgo Esquilo y dedicada precisamente a celebrar el triunfo de los atenienses sobre los invasores orientales, se plasma el profundo dualismo entre el poder monárquico persa y la ciudadanía helena. En el famoso sueño de Atosa, madre de Jerjes y esposa de Darío, aparecen dos figuras femeninas uncidas al carro real del monarca. La primera se nos muestra resignada y acepta el papel que le ha deparado el destino tirando trabajosamente del carro e inexorablemente atada a él. La otra mujer, reconocible como griega por su atuendo, se niega a realizar la tarea e incluso consigue volcar el carro real, provocándole una aparatosa caída. La situación debió de causar un efecto inmediato entre el público de la época, que sin duda entendía la referencia como un símbolo de afirmación política y cultural. El orgullo por la propia constitución democrática y la reforzada confianza política tras la exitosa defensa de su comunidad contra la invasión persa de Grecia (480 a. C.) conforman las bases ideológicas sobre las que se sustenta esta obra. Por este motivo, la soberana Atosa se pregunta:

> ¿Qué pastor de hombres [de los atenienses] está a su frente y manda el ejército? Y la respuesta a esta pregunta fue: «No se llaman esclavos ni vasallos de ningún hombre»[4].

Esquilo compara explícitamente el sistema democrático ateniense y el gobierno monárquico persa emitiendo una valoración al respecto. En su opinión, los ciudadanos libres de Atenas constituyen el más vivo contraste frente a los súbditos del monarca oriental, obligados a obedecer los mandatos del Rey de Reyes. Mientras que en el bando persa, el de los perdedores, aparecen una serie de protagonistas singularizados por sus nombres propios y sus individualidades inconfundibles, ningún personaje griego, como por ejemplo Leónidas o Temístocles (que por sus méritos bien habrían merecido ser celebrados en el teatro, el espacio más emblemático de la polis), es resaltado o nombrado explícitamente. Y es que la convicción de Esquilo es que fue la comunidad anónima de ciudadanos libres la que, mediante un tremendo esfuerzo conjunto, logró la victoria en Maratón y Salamina, derrotando así la insolencia de los enemigos bárbaros. De esta manera, la ciudad-Estado, como suma de todos sus miembros, se eleva y se transfigura en una esfera mítica. El mensaje tácito de este tipo de textos queda claro: los bárbaros, a diferencia de los griegos, no eran capaces de tales logros. ¿O quizás sí?

4. Esquilo, *Los persas* 241-242. Traducción de Enrique Ángel Ramos Jurado (Alianza Editorial).

Añadamos una última observación a la anécdota en torno a Darío y el relincho de su caballo. Antes de que los aspirantes al trono persa se hubieran reunido para adoptar la decisión crucial sobre cuál debía ser el próximo candidato al trono imperial, Darío preparó cuidadosamente todos los detalles del escenario. Nada debía dejarse al azar. La noche previa a la decisión, Ébares, su fiel sirviente, recibió instrucciones precisas sobre cómo y cuándo debía tomar las precauciones adecuadas:

> Cuando cayó la noche, condujo a las afueras de la ciudad a una de las yeguas, la que prefería el caballo de Darío, la ató y después llevó dicho caballo, le hizo dar muchas vueltas alrededor de la yegua mientras lo iba acercando a la hembra y, finalmente, dejó que el caballo la montara. Al rayar el día, los seis, según lo convenido, se presentaron montados a caballo. Y cuando iban cabalgando por las afueras de la ciudad, al llegar al lugar en el que la noche anterior había estado atada la yegua, entonces el caballo de Darío echó a galopar y lanzó un relincho[5].

Supongamos que la elección del monarca persa tuvo lugar tal como se nos transmite en las fuentes griegas y que la curiosa participación del animal fue efectivamente determinante para el desarrollo de las circunstancias que contribuyeron a su desenlace. ¿Qué lecciones podemos extraer de este episodio? Al igual que hizo en su día el sagaz Odiseo, que siempre encontraba un modo de superar todos los retos que se le presentaban, Darío también utilizó la astucia para alcanzar su meta. El hecho de que hubiera que prestar

5. Heródoto 3, 85-86, *op. cit.*

ayuda a la manifestación de la voluntad divina era algo tan natural como necesario. No solo se debía ganar la bendición de los poderes sobrenaturales, sino también desearla con todas las fuerzas. ¡Había que hacer todo lo posible para que el designio de los dioses se cumpliera! La consecución del objetivo santificaba los métodos empleados. Por supuesto, el favor de los dioses solo le era concedido a las personas más capaces, dotadas de una actitud ganadora. Conseguirlo suponía el respaldo a sus méritos y a su capacidad realizadora, por lo que se consideraba que aquellos que fracasaban no eran acreedores de la aprobación divina.

La reflexión racional, la planificación metódica y la acción prudente se revelan de gran utilidad para resolver situaciones de crisis. Mediante esta clase de estrategias, se crea una armonía entre la esfera sobrenatural y la esfera humana que al final se saldaba con beneficios para ambas partes. Fue precisamente esta manera de concebir la relación con los dioses la que permitió a Darío asegurarse de que el relincho de su caballo se oyera en el momento adecuado, pues estaba en juego nada menos que su insaciable ambición personal y el futuro del reino.

6. Acerca del poder mágico de la música: el rapsoda Arión

Arión era originario de Metimna, en Lesbos, una de las islas más bellas del Egeo. Durante algún tiempo ejerció como rapsoda y poeta en la corte del tirano Periandro de Corinto (siglo VI a. C.), donde adquirió prestigio y alcanzó prosperidad gracias a su enorme talento. En aquel tiempo, tanto artistas como oradores y filósofos eran atraídos por la fuerza magnética que emanaba de las residencias de las dinastías tiránicas más notables de la época. Impulsados por el afán y la ambición de superar a sus rivales, los grandes potentados helenos se enzarzaron en una verdadera competición para reclutar en sus respectivas cortes a los mayores talentos de toda Grecia, que, a cambio, contribuían a elevar significativamente el prestigio de sus anfitriones. El poeta Píndaro (520-445 a. C.) es un testigo clave de la eficacia de esta red de relaciones establecida entre poderosos e intelectuales, ya que fue capaz de sentirse cómodo y acogido tanto en las sedes de los tiranos sicilianos como en los círculos aristocráticos de su propia patria, en Grecia. En sus odas esbozó una imagen ideal, basada en principios éticos, de la aristocracia griega, a la que dedicó una buena parte de su actividad literaria. Es muy probable que los poemas y los temas de las canciones de Arión se asemejaran a los de Píndaro, pero por desgracia no se ha conservado ningún ejemplo digno de mención.

Se dice que Arión perfeccionó el ditirambo, que originalmente formaba parte de los textos cultuales recitados durante las festividades del dios Dioniso hasta convertirse en una elevada forma artística. Esta composición lírica incluía un espacio para que un coro acompañara cantando una serie de textos profanos. En una etapa posterior de desarrollo, esta innovación dará lugar a la tragedia griega como género literario, tal como la conocemos por las obras de Esquilo, Sófocles o Eurípides. Arión también es considerado el creador de los coros cíclicos, conformados por un grupo de cantantes que se distribuían en círculo alrededor del altar en la orquesta. Por otra parte, es muy probable que los versos de Arión, como los de Píndaro, no se centraran en un reducido ámbito local y estuvieran dirigidos al público heleno en toda su extensión, tal como sucedía con los cantos homéricos. Por estos motivos, Arión se convirtió en uno de los rapsodas más solicitados de la floreciente vida cultural del mundo griego en época arcaica, cuya influencia se expandía a todo el Mediterráneo.

Poco sabemos realmente de la vida de Arión, salvo una anécdota que nos ha sido transmitida por Heródoto y que está impregnada de un fuerte carácter legendario e incluso mágico[1]. Se cuenta que para aumentar su reputación fuera de su patria, el laborioso Arión viajó a Sicilia, donde fue aclamado y ovacionado como ganador de un certamen de canto y poesía lírica. Este tipo de eventos estaban muy extendidos por toda Grecia y se remontaban al menos hasta la época homérica. Ya Hesíodo —el primer *homme de lettres* del que tenemos constancia—, proveniente de la pequeña ciudad de Ascra, en Beocia, había participado en el siglo VIII a. C. en un agón de recitales épicos en Calcis, Eubea, y había logrado ganar un premio. Lo mismo le sucedió a Arión en Sicilia. Tras haber dejado constancia de su arte y su elevado talento en un país extranjero, el exitoso artista partió por mar desde Sicilia de regreso al hogar, bendecido por la fama y colmado de bienes materiales, fruto de los grandes éxitos logrados.

Sin embargo, sus abundantes riquezas en forma de monedas, joyas y metales preciosos despertaron la envidia y la codicia de la tripulación del barco, que, deseosa de quedarse con los tesoros de Arión, dio a elegir al cantante entre la muerte o saltar por la borda de la nave. Ante esta situación desesperada, el atemorizado artista expresó una última petición: que le dejaran interpretar una canción antes de aceptar su triste destino. Sorprendidos, los malvados marineros accedieron al extraño deseo del atemorizado Arión y le permitieron usar el barco como escenario de la que debía ser su última actuación. Pero entonces sucedió algo imprevisto y maravilloso. Mientras Arión cantaba, una multitud de delfines se acercó a la embarcación atraída por la musicalidad de su canto y la belleza de su voz. Apenas fina-

---

1. *Ibid.*, 1, 23 ss.

lizadas las últimas notas, el cantante se lanzó hacia las olas del mar, aunque, sorprendentemente, Arión no se ahogó, ya que uno de los delfines logró salvarlo al transportarlo sobre su lomo hasta las orillas de Tenarón, al sur del Peloponeso. De esta manera, tras haber sido rescatado de una forma tan prodigiosa, continuó su viaje de regreso a Corinto. Pero el destino de los crueles marineros que le habían traicionado resultó ser muy diferente, ya que, una vez que el funesto barco atracó en tierra firme en Grecia, la infame tripulación recibió su merecido castigo.

La historia de Arión presenta asombrosos paralelismos con la de la salvación de Jonás en el Antiguo Testamento. En el relato bíblico, el Dios de los hebreos encomendó a Jonás la misión de dirigirse hacia Nínive para proclamar la ruina de la ciudad como consecuencia de sus pecados. Pero Jonás, asustado por ser elegido para llevar a cabo esta delicada tarea, trató de eludir el encargo. Acuciado por el temor, se hizo a la mar para huir de la siniestra misión que le había sido encomendada. Entonces Dios, ofendido por haber sido desobedecido, desató una tormenta marina que no amainó hasta que la tripulación de la nave arrojó a Jonás a las aguas, donde fue tragado por un gran pez. Atrapado en el vientre del animal, Jonás rogó a Dios que le perdonara, y este tuvo compasión con él. A los tres días fue liberado y pudo por fin volver a ver la luz. Tras el episodio en el mar, se dirigió hacia Nínive y cumplió obedientemente el mandato divino que se le había encomendado. La ciudad, finalmente, se mostró dispuesta a arrepentirse y acatar los designios divinos, lo que le permitió salvarse de su predecible perdición.

Estas dos leyendas extraordinarias, provenientes de diferentes áreas culturales, ofrecen evidentes paralelismos entre sí y comparten el giro dramático que experimentan sus respectivos protagonistas, así como su final feliz. La esencia de ambos relatos radica en la fuerza de voluntad de los personajes elegidos, quienes finalmente son recompensados, mientras que sus malvados opositores quedan expuestos a un merecido castigo. En el episodio de Jonás, más oscuro y dramático que el de Arión, la fuerza sobrenatural se revela de manera obvia y directa a los destinatarios del mensaje divino. El Dios del Antiguo Testamento no deja lugar a dudas sobre su papel como juez, espíritu rector e inspirador de los acontecimientos que rodean la misión original de Jonás. La última palabra la tiene siempre el ser supremo, mientras que Jonás sirve como dócil instrumento de su excelsa voluntad. El protagonista humano del drama cumple así con el propósito de recordar la omnipotencia de su Dios sobre los frágiles hilos del destino de los hombres.

En el episodio protagonizado por Arión, sin embargo, no existen indicios explícitos de una intervención directa de las deidades olímpicas en la catástrofe que amenazaba al virtuoso cantante. Aunque los dioses eran considerados patronos de las artes y de los artistas, Arión sigue siendo el protagonista evidente de su propio destino en el curso de la epopeya que le toca protagonizar. Pero la importancia del relato de Arión no se limita solo a este hecho, sino que también contiene otros aspectos dignos de consideración y relacionados con la exaltación de las emociones y pasiones que despierta el arte y con la importancia de las normas éticas que presiden el desenlace del episodio. Destacan, por ejemplo, el papel principal que ocupa la mente humana en el destino de los hombres, la utilidad del arte frente a tribulaciones de la vida y la muerte, el poder salvífico del agua, la fascinación que produce la belleza más allá del tiempo y el espacio o la advertencia persistente ante la codicia y la mala voluntad como caminos seguros hacia la perdición.

¿Quién de nosotros no querría lanzarse al agua como Arión y navegar a lomos de un delfín para alcanzar la orilla de la salvación superando los múltiples peligros que amenazan nuestra existencia, como muestra la magnífica y vivaz litografía del imperecedero maestro del arte renacentista Alberto Durero?

Alberto Durero, *Arión cabalgando sobre un delfín en el mar.*

7. Pitea enloquece a los atenienses

Bellos rostros, así como cuerpos esbeltos y bien formados, poseían un enorme poder de seducción en la cultura griega. De manera particular, las mujeres que encajaban en este ideal estético provocaban un gran efecto entre quienes las rodeaban. Un aspecto exterior agradable era considerado el inequívoco reflejo de una actitud interior firme, tanto en el género masculino como en el femenino. Quien destacaba por su físico y la idoneidad de sus proporciones, y además poseía un carácter equilibrado, irradiaba optimismo hacia los demás y gozaba, sin duda, del favor de los dioses. El destino de Pitea, la dama ateniense que es objeto del presente capítulo, demuestra la enorme impresión que el atractivo de una mujer podía causar en su entorno.

Heródoto nos ofrece en el relato de las gestas del tirano ateniense Pisístrato un comentario muy revelador acerca de la estrecha relación entre la ambición personal y el anhelo religioso. Se trata de un episodio que a primera vista parece una sorprendente mascarada, pero que, pese a su carácter grotesco, da cuenta de la extraordinaria fuerza explosiva de la religiosidad popular y del estado de ánimo en la Atenas arcaica (siglo VI a. C.). El pasaje en cuestión dice lo siguiente:

> Una vez que Pisístrato aceptó el trato y se mostró de acuerdo con estas condiciones, tramaron (Pisístrato y Megacles) para su regreso un plan sumamente ridículo en mi opinión. [...] Había en el demo de Peania una mujer llamada Pitea, de cuatro codos menos tres dedos de altura y, por lo demás, hermosa. Ataviaron a esta mujer con una armadura completa, la subieron a un carro, le indicaron una pose con la que debía aparentar gran majestuosidad y la condujeron a la ciudad. Enviaron delante heraldos que, llegados a la ciudad, proclamaban lo que tenían ordenado con las siguientes palabras: «Atenienses, recibid con buena disposición a Pisístrato, al que la propia Atenea honra sobre todos los hombres y lo trae de vuelta a su acrópolis». Esto es lo que decían recorriendo la ciudad por todas partes, y en seguida llegó a los demos el rumor de que Atenea traía de vuelta a Pisístrato; los habitantes de la ciudad, persuadidos de que era la diosa en persona, adoraron a la mujer y acogieron a Pisístrato[1].

En la peregrinación anual en honor a la Virgen del Rocío en Almonte (Huelva, cerca de la desembocadura del Guadalquivir), durante la noche del lunes de Pentecostés, una inmensa multitud acompaña la procesión de la Blanca Paloma —así es como cariñosamente se denomina a la figura

---

1. *Ibid.*, 1, 60, 3-5.

Ilustración proveniente de M. A. Barth, *Vorzeit und Gegenwart,* Augsburgo, 1832.

de la Virgen María— con intención de acercarse a la imagen de culto y establecer un contacto personal con ella, tocándola y recortando así la distancia entre el venerante y el objeto de su adoración. El afán por realizar este empeño —empresa que entraña un cierto riesgo dados los empujones y zarandeos que hay que soportar para conseguirlo— desata una insólita mezcla de fuerza y pasión desbordante que altera las emociones de los presentes y provoca la histeria colectiva. Luego, una vez logrado el objetivo, los agraciados se muestran satisfechos de haber superado el proceso de aproximación a la imagen de la deidad sin mayores daños o lesiones. Quien haya presenciado este increíble espectáculo o incluso participado en él esbozará una sonrisa de complicidad al leer el texto de Heródoto sobre la entrada de la bella Pitea en Atenas como la diosa Atenea.

Al igual que la actual peregrinación al santuario de Almonte (la romería de la Virgen del Rocío), el relato de Heródoto sobre la entrada de Pisístrato en Atenas —gracias a la ayuda de la joven Pitea travestida como diosa— permite varias interpretaciones. En primer lugar, habla de la preferencia generalizada por el espectáculo y la teatralidad en la Atenas arcaica, un hecho que no sorprende particularmente en una ciudad que era considerada la cuna de las representaciones dramatúrgicas (originalmente creadas como eventos religiosos en honor a Dioniso). Una inclinación que estaba, además, estrechamente ligada a la exposición pública de escenas, imágenes y rituales de culto. Todos estos estímulos visuales tan potentes como sugestivos, escenificados de manera muy imaginativa y revestidos de la pátina de la devoción religiosa, fueron en el pasado, como lo son en la actualidad, capaces de generar en quienes los contemplan un fuerte impacto emocional.

No obstante, la conmoción que desatan este tipo de rituales requiere una dosis previa de exaltación religiosa y agitación personal por parte de los participantes. Tan solo en el marco de una fiebre religiosa, contagiosa y vibrante, la epifanía de una deidad fervorosamente venerada podía encontrar la recepción necesaria para desencadenar los efectos deseados. Hay bastantes indicios de que la actividad cultual en la Atenas de aquellos años rebosaba excentricidad psicológica y afán religioso. Friedrich Cornelius, un buen conocedor de la materia, apunta lo siguiente al respecto:

En el Ática, la gente se enardecía como consecuencia de la propaganda religiosa. La religión extática de Dioniso y los misterios de Eleusis encontraron cada vez más adeptos, surgieron los predicadores órficos y el sacrilegio contra los seguidores de Cilón amedrentaba a la población debido al temor del castigo divino. Tal estado mental provocó en las masas el surgimiento de visiones y sugestiones, incluso en pueblos mucho más sobrios que los griegos[2].

En este contexto, la epifanía de Pitea-Atenea puesta en escena por Pisístrato muestra —más allá del nivel fenomenológico inherente a los acontecimientos relacionados con el culto— no solo un caso particularmente flagrante de éxtasis religioso, sino también una estrecha vinculación entre el culto y el poder. Pitea-Atenea simboliza la inquebrantable esperanza humana en la vigencia de un poder sobrenatural en la vida social de una comunidad, mientras que Pisístrato (y Megacles, que también participó en el plan) representa la no menos presente tentación de aprovechar la magia de lo sagrado con fines políticos, o, dicho en otras palabras, el profundo anhelo humano de cercanía y apropiación de una determinada deidad.

Sin embargo, cabe señalar que la referencia de Heródoto a la credulidad de los atenienses pertenece a un período posterior, marcado por la influencia racionalista en el sentimiento religioso ateniense de finales del siglo V a. C. La elección del vocabulario y la interpretación del episodio que hace el autor son comprensibles desde la perspectiva de su tiempo, en el marco de la ilustración ateniense en época de Pericles. No obstante, disponemos de ejemplos

---

2. Friedrich Cornelius, *Die Tyrannis in Athen,* p. 43, Múnich, 1929. Traducción propia.

suficientes en la Atenas democrática —como el escándalo de las Hermas o el juicio a Sócrates (véase el capítulo 10)— que atestiguan también en época de Heródoto un ambiente religioso sumamente agitado. Conviene, por tanto, ser precavido a la hora de evaluar de una manera excesivamente secular el mundo de las emociones religiosas en una sociedad supuestamente ilustrada. En cualquier caso, nuestro cronista imaginó los orígenes de la religión griega de manera racional. Sus observaciones sobre la naturaleza y la función de los dioses, así como del propio culto, se entienden más bien como un enunciado programático de clara inspiración sofística:

> No obstante, el origen de cada dios —o si todos han existido desde siempre— y cuál era su fisonomía no lo han sabido hasta hace bien poco; hasta ayer mismo, por así decirlo. Pues creo que Hesíodo y Homero, dada la época en que vivieron, me han precedido en cuatrocientos años y no en más. Y ellos fueron los que crearon, en sus poemas, una teogonía para los griegos, dieron a los dioses sus epítetos, precisaron sus prerrogativas y competencias, y determinaron su fisonomía[3].

Las afirmaciones de Heródoto dan testimonio de una viva discusión en la Atenas de finales del siglo V a. C. acerca del lugar que ocupaban los dioses en la sociedad. En este debate, los sofistas desempeñarán un papel esencial. Su interpretación racionalista del organigrama cultual, combinada con la declaración de que el hombre era la medida de todas las cosas, no solo limitó considerablemente el poten-

3. Heródoto 2, 53, *op. cit.*

cial y la inconmensurabilidad de la esfera de lo sobrenatural, sino que también contribuyó a la relativización de los
valores religiosos tradicionales. En su escrito *Sobre los dioses,* Protágoras redactó un manifiesto agnóstico en el que se
cuestionaban el sentido y la relevancia de las deidades reco-
nocidas. La crítica a la religión irá más lejos todavía. Se
manifestará de forma nítida en el tratado de Sísifo (cuya autoría es atribuida a Critias o a Eurípides), en el que se ana-
liza el origen de las creencias en los dioses. En este texto, el
establecimiento de los valores religiosos es visto como una
astuta invención y, al mismo tiempo, como una necesidad
política adecuada para controlar los sentimientos e instintos de las masas populares y así, por medio del miedo su-
persticioso que produce todo lo sobrenatural, mantenerlas
dependientes de las normas sociales implantadas.

Con el surgimiento del agnosticismo en la sofística se ini-
ciará la reflexión sobre la incidencia de la religión en la
esfera política. Esta suerte de ímpetu también ocupará e
impulsará a muchos humanistas del Renacimiento preocu-
pados por establecer las distancias entre lo humano y lo divino. El debate sobre la función social de la religión, que
nunca se ha llegado a extinguir por completo, tendrá un
efecto especial en la era de la Ilustración, ya que redefinirá
las coordenadas de la relación entre la Iglesia y el Estado,
acelerando de esta manera la secularización de las sociedades modernas.

El trasfondo de las implicaciones cultuales del episodio
en torno a Pitea nos muestra una feroz competición política en la que distintas facciones, por medio de alianzas,
acuerdos e intrigas, se disputaban el poder y el control del
Estado. Gracias a la puesta en escena de Pitea-Atenea,

Pisístrato logró entrar en la ciudad, cumpliendo así la primera etapa en su camino hacia el gobierno de Atenas. La siguiente cuestión era saber cuánto tiempo se podría mantener el control sobre su ciudad. Aunque había contado con el importante apoyo del noble ateniense Megacles, al poco tiempo su relación empezó a quebrarse debido a un asunto tremendamente maquiavélico, producto de la retorcida forma de actuar del propio Pisístrato. Este, para establecer la alianza, se había casado con la hija de Megacles. Pero en cuanto vio consolidada su posición, se negó a consumar el matrimonio y además dio publicidad al asunto.

Los motivos del extraño comportamiento de Pisístrato eran fundamentalmente políticos y se remontaban varios años atrás, a la época del fallido golpe de Estado del noble ateniense Cilón, campeón olímpico, que quiso hacerse con el control de la ciudad. Cilón y sus seguidores consiguieron ocupar la Acrópolis y hacerse fuertes allí. Liderados por los Alcmeónidas (familia a la que pertenecía Megacles), los campesinos del Ática asediaron a los rebeldes hasta que finalmente el hambre los obligó a rendirse. Aunque Cilón consiguió escapar, el resto de sus compañeros fueron ejecutados pese a que se habían rendido y puesto bajo la protección de Atenea. Estas muertes suponían una violación del derecho de asilo y fueron consideradas un hecho imperdonable e impío. Como acto de expiación, los atenienses desterraron de la ciudad a los autores del sacrilegio religioso a pesar de que este había sido cometido para sofocar una rebelión. A partir de entonces, los Alcmeónidas quedaron marcados por el efecto de una maldición.

Al estar todavía muy presentes estos acontecimientos en la memoria colectiva de la ciudad, Pisístrato prefirió no engendrar descendencia con una mujer que pertenecía a un clan familiar afectado por un grave estigma religioso. Esto provocó la ruptura de la alianza entre Megacles y Pisístrato, quien finalmente no consiguió permanecer por mucho tiempo en Atenas y tuvo que exiliarse; concluía así el último acto de la farsa organizada con el apoyo de la bella Pitea. No obstante, el inquebrantable Pisístrato no cejó en su empeño de recuperar el gobierno de la ciudad: pocos años más tarde retornará y se apoderará de la ciudad por medio de la fuerza militar.

8. Sobre los entresijos del poder: la Atenas de Pericles

A pesar de su preeminente importancia política, o precisamente a causa de ella, Pericles fue satirizado en diversas comedias atenienses, y algunos rasgos de su carácter fueron expuestos a la risa de sus conciudadanos. Al mismo tiempo, su personalidad como líder y promotor de la política ateniense está indivisiblemente asociada al formidable auge que experimentó su ciudad natal, que se convirtió en el centro cultural, económico y político de Grecia durante los años de su actividad pública (443-429 a. C.). Tucídides intenta hacerle justicia esbozando la imagen de una compleja personalidad fuera de lo común y consignando sus indiscutibles méritos, así como sus notorias contradicciones. El historiador ateniense elogia a Pericles de manera especial resaltando sobre todo sus servicios a la polis ateniense, pero también pone de relieve la parte más oscura de su proceder. Como miembro del influyente clan aristocrático de los Alcmeónidas, y siendo un personaje de gran prestigio, Pericles, al materializar sus ideas políticas, demostró que una única persona erigida en representante de la ciudadanía era capaz de hacer tambalear, merced a su habilidad en el manejo de los entresijos del poder, el equilibrio cívico, aspecto este que le hacía parecer dotado de todas las características propias de un personaje shakespeariano.

La participación de Pericles en el estallido de la guerra del Peloponeso ha sido objeto de un intenso debate ya desde tiempos antiguos. Aunque su compatriota Tucídides intenta exonerarlo, lo cierto es que contribuyó a agravar el conflicto y su responsabilidad es innegable. Pero ¿cuáles fueron realmente los motivos que llevaron al conflicto entre Atenas y Esparta? Entre los años 435 y 433 a. C. estallaron una serie de feroces disputas entre Corinto (aliada de Esparta) y Córcira (Corfú) en las que Atenas participó del lado de esta última, lo que redujo significativamente la influencia corintia en el mar Jónico. Poco tiempo después, Atenas arremetió contra Potidea, ciudad que formaba parte de la Liga Ático-Délica, pero cuya metrópoli era Corinto. El conflicto se produjo porque los atenienses querían minimizar la influencia corintia sobre la península Calcídica para no poner en peligro las vitales conexiones con Tracia y el mar Negro, el granero de Atenas. Pero aún más graves fueron las tensiones que se produjeron entre Atenas y Mégara y que ocasionaron un bloqueo marítimo que impidió el acceso de los barcos megarianos a los puertos de la Liga Ático-Délica. Esta política intervencionista de Atenas, llevada a cabo con la aprobación de Pericles, fue el detonante que condujo a la guerra con los peloponesios.

Pericles.

En retrospectiva, observamos cómo el estadista Pericles se va convirtiendo progresivamente en el icono de la democracia en Atenas. Sin embargo, su figura simboliza también la ambivalencia del sistema ateniense, que en el interior promovía la máxima participación ciudadana en los asuntos del Estado, pero hacia el exterior se comportaba como una implacable máquina de gobierno imperialista y trataba a los miembros de la Liga Ático-Délica no como aliados con igualdad de derechos, sino como súbditos. La mayor parte de la carga del presupuesto estatal ateniense recaía en los miembros de la Liga, y fueron estas ciudades las que financiaron y sostuvieron los enormes gastos que comportaba el sistema democrático, incluida la remodelación urbanística de la ciudad que se tradujo en el esplendor de los monumentos de la Acrópolis, aunque apenas obtuvieron beneficio de ello.

Casi ninguna mente preclara del mundo antiguo ha reflexionado tan a fondo sobre la dialéctica del ejercicio del poder como Tucídides, que inventó un paradójico neologismo para caracterizar el predominio de su ciudad natal sobre la Liga Ático-Délica: *polis tyrannos*. El término hacía referencia a un Estado represivo y, al mismo tiempo, subrayaba los excesos de un gobierno desenfrenado que corría el riesgo de sucumbir a las tentaciones del abuso del poder. Para nuestro historiador, el dominio incontestable ejercido por Atenas y su posición preponderante en la Liga Ático-Délica podían conducir a una transgresión de las normas éticas, por lo que a la larga ese poder casi ilimitado sobre las demás ciudades sería perjudicial para la estabilidad de la propia polis. Por eso Tucídides creía que su derrota en la guerra del Peloponeso no se debía únicamente a la ilusión ateniense de sentirse superior e invencible en su privilegiada posición hegemónica, sino que era el resultado ineludible del ejercicio de un poder descontrolado, una caída aparejada a los éxitos de la propia ciudad.

Al comportarse de manera despótica, Atenas intentaba asegurar su existencia. En palabras de Kurt Raaflaub: «La libertad del tirano garantizaba la existencia del Estado, porque solo el tirano (Atenas) era realmente libre»[1]. Según este razonamiento, podemos concluir que tarde o temprano aquel que ejercía un dominio coercitivo quedaría inevitablemente enredado en las telarañas que él mismo había tejido. La prueba de cómo este círculo vicioso podía invertir las reglas del ordenamiento constitucional la detectamos en la política cotidiana ateniense, que ilustra hasta qué extremo se podía manipular a la opinión pública. El recurso a los principios democráticos pesaba muy poco a la hora de imponer el interés del Estado frente a terceros:

> Y es natural que acudáis en ayuda del prestigio que vuestra ciudad posee gracias a su imperio, y del que tanto os enorgullecéis, y no rehuir las cargas a menos que tampoco busquéis los honores. Y no creáis que estáis luchando por un solo motivo, la libertad o la esclavitud, sino que lo hacéis además por la pérdida de vuestro imperio, y por el peligro derivado de los odios que contra vosotros se han suscitado a causa del imperio. [...] Por-

1. Kurt Raaflaub, «Athens "Ideologie der Macht" und die Freiheit des Tyrannen», en Wolfgang Schuller (ed.), *Studien zum Attischen Seebund* (Xenia 8), 1984, 45-86.

que para ahora ya lo habéis convertido en una tiranía, cosa cuya consecución se piensa que es injusta, pero su abdicación peligrosa[2].

Esas reflexiones, que Tucídides pone en boca de los principales protagonistas del Estado ateniense (Pericles en este caso, aunque también a Cleón se le atribuyen declaraciones similares), ilustran la transformación del concepto de tiranía en un *leitmotiv* político. El espíritu sofístico inherente a estos paradigmas argumentativos encuentra sus paralelos más cercanos en la literatura contemporánea. En la obra de Eurípides, numerosas figuras heroicas están impulsadas por este modo de pensar. Eteocles, por ejemplo, confiesa abiertamente:

Pues si hay que violar la justicia, por la tiranía es espléndido violarla. En lo demás conviene ser piadoso[3].

Como evidencian los diferentes textos que abordan el tema, el elemento básico del concepto de *polis tyrannos* gira en torno a la reflexión sobre el conjunto de cuestiones relacionadas con el dominio, la libertad y la dependencia del poder. En este contexto, la tiranía se postula como la consecuencia inevitable del éxito, y su mantenimiento, según los estándares de la acción política, se convierte en una exigencia para la supervivencia del Estado. Aunque Tucídides utilizara estas máximas para subrayar la volatilidad de la

2. Tucídides 2, 63. Traducción de Antonio Guzmán Guerra (Alianza Editorial).
3. Eurípides, *Fenicias* 524 ss. Traducción de Carlos García Gual (Editorial Gredos).

asamblea ateniense, se percibe una postura crítica o, al menos, un distanciamiento respecto a semejantes puntos de vista. De esta manera se acentúa la fragilidad del gobierno democrático establecido en torno a la hegemonía ateniense sobre la Liga Ático-Délica, lo que propiciaba el abuso del poder.

Según la opinión popular, tiranía e *hybris* iban de la mano, eran términos mutuamente complementarios. Las críticas de Tucídides hacia ese ejercicio inapropiado del poder, que amenazaba con sobrepasar los límites de la equidad, son fundamentales para comprender su intencionalidad. En las discusiones previas a la expedición siciliana hacia Siracusa, especialmente en el diálogo de los melios, el carácter despótico de la *arché* ateniense se manifiesta de forma abierta, sin ambages, revelando la cara más oscura del ejercicio del poder. De forma evidente, pero sin pretender ejercer una valoración moral más profunda, Tucídides insinúa que el abandono de las normas éticas podría llevar a una sociedad a un callejón sin salida. Su obra histórica nos ofrece el mejor ejemplo para entender semejante posicionamiento. En la conferencia convocada por Esparta en vísperas de la guerra del Peloponeso, y tras los conflictos en torno a Potidea en el año 432 a. C., los atenienses, para justificar su forma de actuar, argumentaron de la siguiente manera:

Así que, ni hemos hecho nada que deba extrañar, ni fuera de lo que es el comportamiento humano, si hemos aceptado un imperio que se nos brindaba, y no lo abandonamos por ceder ante los tres motivos principales: el honor, el temor y el interés. Por otra parte, no hemos sido los primeros en establecer tal principio, sino que desde siempre está instituido que el más débil sea sometido por quien es más poderoso[4].

Para explicar la dinámica del alzamiento de Cilón (véase el capítulo 7), Tucídides recurre a razonamientos socio-psicológicos similares. De manera comparable a la ciudad de Atenas —que, después de haber vencido al imperio aqueménida y tras fundar la Liga Ático-Délica había alcanzado su momento de máximo esplendor—, también Cilón llegó a la cima de sus aspiraciones tras triunfar en Olimpia. Lo que la polis había logrado mediante el espíritu de sacrificio, la habilidad y energía de sus miembros lo pretendía el individuo esforzándose hasta el límite y desarrollando sus capacidades. Cilón, pletórico de éxito, albergó la intención de convertirse en tirano del mismo modo que la todopoderosa polis ateniense comenzó a orquestar un dominio despótico sobre sus aliados simplemente porque disponía de los medios necesarios para hacerlo. Tucídides no cree que la atracción que ejerce la *hybris* sobre individuos o colectivos sea el detonante que incita a abusar del poder. Parece más bien la ineludible consecuencia del proceso de adquisición de recursos, poder y dominio, lo que, a su juicio, impulsa a transgredir los límites tanto políticos como morales de toda actividad política. En este contexto, el fracaso de Cilón, por un lado, y el de Atenas, por otro, no se deben solo a su ambición desmedida, sino a una causa más profunda, que radica en el siempre acechante peligro que conlleva cualquier ejercicio de un poder excesivo.

4. Tucídides 1, 76, *op. cit.*

El discurso de Tucídides, como ningún otro tratado del gran caudal histórico-intelectual de la Antigüedad, muestra la fuerza explosiva de cualquier ejercicio descontrolado del poder y refleja los límites de la autodeterminación de la política. El deseo de acumular recursos de poder es considerado un estímulo natural y legítimo. Seguidamente, el uso de los medios adquiridos para elevarse y ejercer un dominio sobre otros es contemplado como una consecuencia de esta misma dinámica. Pero al pretender perpetuar esta situación, los que creen estar en una posición dominante entran en un círculo vicioso que deriva inevitablemente en el fracaso más estrepitoso. Las advertencias de Tucídides iban destinadas al mundo antiguo, pero siguen siendo relevantes para nosotros hoy en día. Podrían ir dirigidas también a personajes actuales, como Vladímir Putin o Bashar al-Ásad, que en sus delirios megalómanos de grandeza juegan partidas de alto riesgo con el destino de sus propios pueblos y otros países vecinos, siempre con el mismo resultado: desesperación, sangre y destrucción.

9. Lisístrata o el vano intento de hacer entrar en razón a los hombres

Lisístrata[1], cuyo nombre significa 'la que disuelve los ejércitos', es, junto a Antígona, Medea, Electra o Ifigenia, uno de los personajes escénicos griegos femeninos más conocidos. En todas las épocas ha despertado el interés de pintores, dramaturgos o músicos. Hace unos veinte años tuvimos el privilegio de redactar el libreto para una versión operística de la comedia *Lisístrata* del autor ateniense Aristófanes, con motivo de la II Bienal de Valencia. La obra se estrenó en Sagunto en el verano del año 2003 y contó con la colaboración de Irene Papas y la autoría y dirección musical del insigne compositor Carles Santos. Un ejemplo más de la enorme acogida que ha tenido la obra *Lisístrata,* especialmente en el período posterior a la Segunda Guerra

---

1. En el texto aparecerá Lisístrata para referirnos al personaje, y *Lisístrata,* en cursiva, para referirnos a la obra.

Escena de la ópera *Lisístrata* de Carles Santos, Sagunto, 2003.

Mundial y la consecuente amenaza nuclear. Entre los autores más conocidos que han abordado este rico material narrativo se encuentran Jean Giraudoux *(La guerra de Troya no tendrá lugar,* 1935), Fritz Kortner *(Die Sendung der Lisístrata,* 1961),

Hanns Dieter Hüsch y Rudolf Mors (*Der Weiberstreik,* 1963) o Rudolf Hochhuth (*Inselkomödie,* cuyo título original era *Lysistrate und die Nato,* 1974).

¿De dónde procede ese constante interés por el personaje de Lisístrata? La comedia del poeta Aristófanes, del siglo V a. C., gira en torno a una trama sorprendentemente moderna, de tintes casi feministas. Pero ¿sobre qué trata realmente la obra?

Para poner fin a la guerra del Peloponeso, que se había prolongado durante décadas (431-404 a. C.), las mujeres de Atenas resolvieron declararse en huelga de sexo. A partir de ese momento, solo estarían dispuestas a yacer con sus maridos si estos renunciaban al servicio militar, regresaban inmediatamente a sus hogares y deponían las armas. Qué gran oportunidad habría supuesto para los pacifistas de todas las épocas que estos eventos hubieran tenido lugar en el mundo real y no sobre las tablas de un escenario.

La propuesta de *Lisístrata* expone una extraña paradoja, pues, al apelar a los instintos humanos más naturales, las mujeres atenienses revelan lo absurdo de la guerra, al tiempo que se elevan a sí mismas como competentes autoridades morales capaces de hacer entrar en razón a los hombres. De esta manera tan inusual, Lisístrata y sus compañeras tratan de conseguir que sus maridos detengan la lucha y regresen a sus hogares y, a la vez, espolean a la comunidad con una nueva forma de hacer política. Son muchas las razones que contribuyen a que esta obra de teatro de hace ya dos mil quinientos años siga teniendo vigencia. Por un lado, desenmascara a quienes pretenden obtener algún provecho de la guerra y, por otro, testimonia la dificultad del mundo masculino para resolver conflictos complejos recurriendo a soluciones insólitas que no contemplen la violencia. Lo que a primera vista podría parecer una simple pugna entre hombres y mujeres resulta ser en realidad algo mucho más profundo y fundamental como expresión de un postulado político que afecta a la comunidad en su conjunto. Ya que el rapto y la guerra eran elementos habituales e inevitables en el mundo griego antiguo, para romper esa espiral de violencia era necesario apartarse radicalmente de un panorama político caracterizado por la confrontación y el belicismo. Ante este desolador panorama se imponía la necesidad de superar la estrechez de miras de un entorno irremediablemente dividido, sobre todo a causa de una estructura política basada en la competición y la extrema atomización de las ciudades-Estado del estrecho cosmos heleno.

Ya en época arcaica, las revueltas sociales solían sacudir la calma de numerosas ciudades griegas. La formación de partidos enfrentados dentro de la propia comunidad, combinada con una radicalización de la política, generó en determinados lugares un ambiente tenso, como de preguerra civil. La estrechez geográfica del hábitat griego favoreció la expansión de los conflictos entre vecinos. En no pocas ocasiones, las discrepancias regionales se saldaban mediante el recurso a la violencia. La guerra del Peloponeso, que cambió definitivamente la arquitectura política y social de Grecia, se gestó de forma similar. La magnitud de la catástrofe estimuló la creatividad artística de los autores coetáneos. En este contexto, el espíritu crítico de Aristófanes hace referencia a esta sangrienta contienda una y otra vez en sus obras. En su comedia *Los acarnienses,* escrita en plena guerra del Peloponeso (425 a. C.), el poeta pone la siguiente reflexión en boca del ciudadano Diceópolis, un hombre proveniente de una aldea ática pero acuartelado en Atenas debido a las necesidades de la contienda:

> Yo, sin embargo, llego siempre antes que nadie a la asamblea y me siento. Luego, aburrido de estar solo, suspiro, bostezo, me estiro, me peo, no sé qué hacer, dibujo en el suelo, me arranco pelos, hago mis cuentas, con la mirada puesta en mi tierra, deseoso de paz, aborreciendo la ciudad, añorando mi pueblo, que jamás pregonó «compra carbones», ni «compra vinagre», ni «compra aceite», y ni siquiera conocía eso de «compra», pues por sí mismo producía de todo y no había allí quien te aserrara el oído gritando «compra». Pero hoy vengo dispuesto sin más a dar voces, a interrumpir, a insultar a los oradores, si se habla de otra cosa que no sea la paz[2].

En estos versos se describen con conmovedora naturalidad las penurias de la vida cotidiana. Se exagera el contraste entre la ciudad y el ambiente rural debido a que las condiciones de vida urbana habían alcanzado proporciones insoportables como consecuencia de una larga guerra que no daba señales de terminar. Frente a la insostenible crisis que azotaba al mundo griego, los intelectuales hicieron diversas propuestas para superar el conflicto, pero, al permanecer inmersos en el marco intelectual del mundo de la polis, se limitaron solamente a reformar el sistema, no a cambiarlo por completo. Salirse de sus estrechos patrones conceptuales les seguía resultando inconcebible. Aristófa-

---

2. Aristófanes, *Los acarnienses* 28-39. Traducción de Luis Gil Fernández (Editorial Gredos).

nes planteó una de las ideas más inusuales en su comedia *Lisístrata,* representada en el año 411 a. C. y escrita en pleno apogeo de la guerra del Peloponeso. Como hemos mencionado, esta obra ofrece una insólita propuesta para solucionar el conflicto: tras someter a sus maridos mediante la punzante arma de la abstinencia sexual, las mujeres tomaron el poder del Estado para poner fin a una guerra que asolaba Grecia como una plaga. Lisístrata, la protagonista de la obra, hace un notable alegato para romper la situación de estancamiento en la que estaban sumidas las partes beligerantes:

Primero, a la ciudad como al vellón de lana, después de haberle quitado la mugre lavándola en un baño, habría que ponerla sobre un lecho, apalearla para que eche a los sinvergüenzas y sacarle los abrojos; y a esos que se reúnen y se aglomeran junto a los cargos públicos, separarlos con el cardador y arrancarles... las cabezas. Después habría que esponjar la buena voluntad común y echarla en un cestito, mezclando a todos, a los metecos, a los extranjeros que sean amigos nuestros, y a los que tengan deudas con el Estado: también a esos mezclarlos ahí. ¡Por Zeus!, y las ciudades, todas las que son colonias de esta tierra, habría que tener una idea clara de que para nosotros son como los copos de lana que están cada uno por su lado; luego se cogen estos copos que forman cada una de ellas, se reúnen y se juntan en uno solo, y después se hace una gran bola y, con ella, se teje un vestido para la gente[3].

3. Aristófanes, *Lisístrata* 575-586. Traducción de Elsa García Novo (Alianza Editorial).

La *Lisístrata* de Aristófanes finaliza con un banquete en el que los atenienses y los espartanos se dan la mano, saldan sus diferencias y suscriben la anhelada paz. Pero todo esto no fue más que un fugaz sueño escénico, tan solo una comedia. La realidad se encargaba de escribir el guion de la tragedia que realmente estaba ocurriendo. Atenas, agotada y al límite de sus posibilidades, se verá obligada a capitular. Esparta, la vencedora, sacará poquísimo provecho a un desenlace con el que se inicia la agonía política de Grecia. Al final perderían todos: la inmisericorde guerra destruyó la cohesión y la solidaridad interna del mundo de la polis, una pérdida que a la larga se revelará irrecuperable.

El contraste entre la representación escénica y la realidad aumenta si tenemos en cuenta la condición de la mujer en la Atenas clásica, que, contrariamente a lo que sugiere la comedia aristofánica, estaba restringida a su ámbito doméstico y excluida de la esfera pública: Lisístrata no es nada más que una ilusión, un intento de escapar a una situación tremendamente difícil que chocaba con la triste realidad. Tucídides, un historiador coetáneo a la guerra, nos habla del comportamiento que la sociedad esperaba de las mujeres atenienses durante la guerra del Peloponeso en unos términos bastante contundentes:

Y si debo tener un recuerdo de la virtud de las mujeres que ahora quedarán viudas, lo expresaré todo con una breve indicación. Para vosotras será una gran fama el no ser inferiores a vuestra natural condición, y que entre los hombres se hable lo menos posible de vosotras, sea en tono de elogio o de crítica[4].

4. Tucídides 2, 45, *op. cit.*

Como la mayoría de los autores de la Antigüedad, también Tucídides seguía aferrado a un patrón de pensamiento de género anclado en unos valores tradicionales que se remontan a los albores de la literatura griega. Ya en la *Odisea* de Homero, Telémaco, el hijo aún adolescente de Odiseo, se siente autorizado por su condición de hombre a amonestar a su madre, Penélope, para que evite exponerse en público. De acuerdo con las convenciones sociales imperantes, le ordena atender exclusivamente las necesidades del hogar para no causar ofensa:

Dice Telémaco a Penélope: «Así que vete adentro de la casa y ocúpate de tus labores propias, del telar y de la rueca, y ordena a las criadas que se apliquen al trabajo. El relato estará al cuidado de los hombres, y sobre todo al mío. Mío es, pues, el gobierno de la casa». Ella quedose pasmada y se retiró de nuevo hacia dentro de la casa. Pues había guardado en su ánimo la sagaz advertencia de su hijo. Subiendo a las habitaciones de arriba con sus sirvientas lloraba entonces por Odiseo[5].

Posiblemente ningún otro autor de la Antigüedad habló con más contundencia sobre los destinos y las vidas de las mujeres y su entorno social que el dramaturgo Eurípides, quien en su tragedia *Medea* hace las siguientes declaraciones acerca de la realidad vital de las mujeres atenienses:

De todas las cosas, cuantas están vivas y tienen razón, las mujeres somos la más desgraciada criatura. Lo primero, debemos comprarnos un esposo mediante un enorme derroche de dine-

5. Homero, *Odisea* 1, 356-362, *op. cit.*

ro, y tomar un dueño de nuestro cuerpo. [...] Y cuando una ha venido a un lugar donde las costumbres y los hábitos le son novedad, adivina tiene que ser (ya que no lo ha aprendido en casa) sobre cómo portarse con el compañero de lecho. Y si acertamos nosotras en estas tareas, y nuestro marido convive con nosotras sin aplicar por la fuerza el yugo, la vida resulta envidiable. En caso contrario, mejor es morir. Y un hombre, cuando le supone un fardo convivir con los de casa, se marcha fuera, y acaba con el hastío de su corazón [...]. Nosotras, en cambio, por fuerza tenemos que mirar a un solo individuo. Dicen que nosotras vivimos una vida sin peligros en casa, mientras ellos combaten con la lanza. Mal calculan. Pues tres veces preferiría estar firme junto a un escudo que parir una sola vez[6].

6. Eurípides, *Medea* 230-251. Traducción de Antonio Guzmán Guerra (Alianza Editorial).

10. Un dilema: en torno a Sócrates

En determinadas ocasiones, una crisis repentina podía llegar a crear serias fisuras en los entresijos políticos de la comunidad ateniense, contribuyendo a disminuir la tolerancia hacia todo aquello que se considerara un comportamiento incívico o incluso «desviado». Hacia finales del siglo V a. C., se constata periódicamente una extraña agitación religiosa en Atenas que culminará en una serie de procesos contra aquellos que caían bajo sospecha de sostener posicionamientos agnósticos o de burlarse de los dioses. En el mismo año de la muerte de Sócrates (399 a. C.), el estadista ateniense Andócides se enfrentó a las siguientes acusaciones:

Este hombre vistió las ropas, imitó los ritos sagrados y se los reveló a los no iniciados; y a los dioses, en quienes nosotros creemos y a quienes con nuestro servicio y con pureza sacrificamos y suplicamos, a estos los mutiló. [...] ¿Quién tiene que soportar esto? ¿Qué amigo, qué pariente, qué ciudadano debe incurrir abiertamente en la ira de los dioses por hacerle a este ocultamente un favor? Debéis, pues, considerar que, al vengaros ahora y libraros de Andócides, estáis limpiando a la ciudad, estáis conjurando y expulsando a un *pharmakós,* os estáis librando de un sacrílego, porque este es todo eso en uno solo[1].

Sócrates (470-399 a. C.) también tuvo que hacer frente a cargos similares. No cabe duda de que el filósofo poseía una personalidad controvertida e inusual. Se le consideraba extremadamente agudo y mordaz. También era un hombre testarudo, que destacaba por su inconformismo y su extraordinaria perspicacia. Aunque sus compatriotas lo tenían por una persona muy inteligente y original en sus planteamientos, también se había ganado la reputación de ser un ciudadano extravagante, entrometido y provocador. Sócrates no dejó nada escrito para la posteridad. Fueron sus discípulos Jenofonte y sobre todo Platón los que nos acercaron a su personalidad y a sus enseñanzas.

Con el fin de realizar una revisión crítica del modelo de conocimiento aceptado mayoritariamente, Sócrates sometió a juicio el canon de la sabiduría convencional formulando una serie de preguntas que, a menudo con un trasfondo irónico, mostraban su agudo intelecto y su lógica inexorable. A su juicio, sus insistentes cuestionamientos eran el vehículo adecuado para transitar por el camino correcto hacia el verdadero conocimiento de los temas más cruciales de la existencia humana. El intelectual ateniense estaba convencido de que las acciones correctas debían proceder de reflexiones lógicas impecables. Solo así sería

---

1. Lisias 6, 50 ss. Traducción de J. L. Calvo Martínez (Editorial Gredos).

posible iluminar al individuo, emancipándolo de sus limitaciones y haciéndolo más libre e independiente. Sin embargo, este modo de proceder suponía un riesgo, ya que el cuestionamiento sistemático del orden social y político establecido ponía inevitablemente a prueba el poder, los privilegios y las tradiciones de sus valedores. Fue por eso por lo que su forma de expresarse sobre los asuntos relacionados con el culto y su falta de respeto hacia las autoridades generaron una creciente hostilidad hacia él. En este contexto, sus detractores lo acusaron de negar la existencia de los dioses de la polis y de corromper a la juventud, ya que sus actividades pedagógicas se dirigían sobre todo a los ciudadanos jóvenes.

Criticar las prácticas de los cultos tradicionales encerraba un grave peligro. En vista de la fiebre religiosa que imperaba periódicamente en Atenas, Sócrates estaba pisando un terreno minado. No sorprende que finalmente fuera llevado ante los tribunales. Los demandantes, Meleto, Licón y Ánito, lo acusaron de impiedad *(asebeia)* y de violar el consenso ciudadano, dos denuncias muy peligrosas. Estas imputaciones fueron el reflejo de una determinada concepción de las prácticas religiosas y las normas de conducta social que puso a Sócrates en el punto de mira. Posiblemente subyacían razones políticas de peso detrás de la acusación, ya que, en el momento del juicio, el gobierno de los llamados «Treinta tiranos» acababa de ser depuesto y se había instaurado de nuevo el sistema democrático. Pese a que Sócrates siempre se había posicionado en contra de un gobierno despótico, algunos de sus discípulos más prominentes, como Alcibíades, Jenofonte o Critias, se mostraban muy críticos con la constitución democrática de Atenas.

¿Es posible que hubiera intención de responsabilizar al maestro del comportamiento de sus alumnos?

De la *Apología* de Platón se desprende que Sócrates se defendió torpemente de las acusaciones de ateísmo. Su comparecencia ante el tribunal estuvo presidida por un exceso de confianza respecto a su inocencia. Su discurso vaciló entre la ironía y la arrogancia. Tampoco apeló a la clemencia de los 501 miembros del jurado que habían sido elegidos mediante sorteo entre los ciudadanos atenienses. Todos estos factores actuaron en su contra, por lo que no consiguió ganarse el favor del tribunal. Aunque logró refutar la mayoría de los cargos que se le imputaron, al final 281 miembros del jurado terminaron declarándolo culpable frente a los 220 ciudadanos que abogaron por su absolución, por lo que Sócrates finalmente fue condenado. La segunda fase del juicio estuvo destinada a dictaminar sentencia. Como la mayoría de los demandantes pedía la pena de muerte, se permitió una réplica por parte del acusado. En vez de rogar una sentencia más indulgente, Sócrates hizo hincapié en su integridad personal, recalcando su inocencia. También calificó el juicio y su veredicto como un notable error. Las consecuencias no se hicieron esperar, y se le sentenció a muerte. Platón nos transmite cuál fue la reacción de Sócrates ante la propuesta de Critón (un amigo que intentó persuadirlo de que huyera de la ciudad antes de que se ejecutara la sentencia): se mostró como un ciudadano dispuesto a aceptar su destino.

Durante el transcurso del juicio, a Sócrates se le planteó un delicado dilema. Sabía que no había hecho nada malo, se sentía inocente de los cargos que se le imputaban y estaba seguro de no haber violado ninguna ley. Sin embargo, la mayoría de sus conciudadanos lo había declarado culpable. ¿Cómo tenía que comportarse entonces? ¿Debía evadir el veredicto de la mayoría del jurado abandonando la ciudad o tendría que someterse al veredicto emitido legalmente por el tribunal? Frente a este dilema, Sócrates se negó obstinadamente a aprovechar cualquier oportunidad de escapar de su cautiverio: murió bebiendo cicuta.

De entre las muchas representaciones de esta célebre escena, el cuadro de Jacques-Louis David destaca como una de las obras más expresivas dentro de las artes visuales que se dedican a interpretar artísticamente el destino de Sócrates. Esta pintura, que puede ser admirada en el Museo Metropolitano de Nueva York, se inspira en gran medida en *La escuela de Atenas* de Rafael, especialmente en el diseño de las figuras principales. Sócrates aparece sentado en el centro de la composición, con la mano derecha extendida hacia la copa de veneno. Frente al nerviosismo mostrado por sus alumnos ante la inminente muerte de su maestro, el condenado aparece tranquilo y sosegado. En la parte izquierda del cuadro, claramente de espaldas a la acción, está sentado Platón. Aparece ensimismado en sus pensamientos, desesperado y silencioso, lo que contribuye a aumentar la expresividad de la escena.

El destino de Sócrates siempre ha conmocionado a las generaciones posteriores, provocando un intenso debate entre las mentes más preclaras de la historia intelectual europea desde la Antigüedad hasta nuestros días. En el curso de estas discusiones se han intercambiado y cruzado argumentos de todo tipo, provocando una recepción necesariamente controvertida del polémico juicio. En realidad, no solo la muerte, sino toda la vida del filósofo y su controver-

Jacques-Louis David, *La muerte de Sócrates,* 1787.

tida figura han llamado la atención de la posteridad. Una de las aportaciones más originales sobre la personalidad del sabio maestro nació de la pluma del dramaturgo Bertolt Brecht. En su narración humorística *La herida de Sócrates* se le otorga al filósofo el papel de guerrero. El episodio ficticio presenta una ingeniosa parodia del legendario ateniense, que supuestamente iba a recibir una condecoración militar por haber sido considerado un hoplita ejemplar en el campo de batalla. Sin embargo, Sócrates la rechazó por buenas razones. Los grotescos pormenores de sus actividades militares quedan plasmados en un diálogo con Alcibíades donde se aborda de forma sutil e irónica el problema de la valentía individual durante la guerra, trazando así un sorprendente retrato del carisma del célebre filósofo:

Escucha, Alcibíades —dijo Sócrates enérgicamente y con una voz muy clara—, en este caso no se puede hablar de valentía.

Tan pronto como comenzó la batalla, es decir, tan pronto como vi aparecer a los primeros persas, hui en la dirección correcta, a la retaguardia. Pero ahí me encontré en medio de un campo de cardos. Se me clavó una espina en el pie y no pude seguir andando. Entonces golpeé a diestro y siniestro, como un hombre salvaje, y casi le di a algunos de los míos. Desesperado, grité algo acerca de otras divisiones para que los persas creyeran que había más divisiones además de la mía, lo cual fue una tontería, porque por supuesto ellos no entendían griego. Aunque, por otro lado, parece que también estaban bastante nerviosos y no podían soportar más los gritos tras todo lo que habían pasado durante su avance. Se detuvieron por un instante, y entonces vino nuestra caballería. Esto es todo[2].

Resulta significativo que Bertolt Brecht haga descender al filósofo Sócrates desde las alturas del discurso académico hasta los meros rastrojos. En lugar de presentar —como era de esperar— a un famoso y sabio maestro del debate capaz de cautivar gracias a su sutil dialéctica, Sócrates es retratado como un simple soldado que se ve enredado en el terreno y se deja llevar por sus instintos y el azar. La sonrisa que nos provoca la descripción de esta escena es producto de un ingenioso ardid. Bertolt Brecht provoca deliberadamente un significante cambio de escenario: el espacio natural de Sócrates, el ágora de Atenas, se transforma en un polvoriento campo de cardos, una tierra de nadie, creando así una intencionada oblicuidad dramatúrgica que redunda en una situación cómica. Su teatral muestra de «valentía» podría

2. Bertolt Brecht, *Gesammelte Werke II,* Prosa 1 (Werkausgabe): *Der verwundete Socrates,* 320. Traducción propia.

convertirse en motivo de polémica, pero ante cualquier posible disputa dialéctica que podría haberse suscitado, el azar interviene zanjando el asunto afortunadamente a favor del bando griego, donde se alineaba el ciudadano-hoplita Sócrates. De esta manera, lo ridículo de la situación nos ofrece una imagen extraña del maestro, lejana del espacio público donde se mueve habitualmente y donde los razonamientos lógicos tienen un valor real. El accidental pinchazo en el pie del filósofo resulta divertido porque, debido al juego de espacios y circunstancias creado por Brecht, Sócrates quedará alejado del lugar al que verdaderamente pertenece, y su afilada mente nada podrá hacer para solventarlo.

11. Alejandro Magno deshace el nudo gordiano

La resolución del problema del nudo gordiano fue para el monarca macedonio algo similar al famoso episodio en torno al huevo de Colón. Ambas figuras históricas, en un momento determinado de sus vidas, se enfrentaron al reto de lograr lo aparentemente imposible, y cada uno encaró su respectivo cometido a su inconfundible manera. Aunque sus objetivos eran obviamente distintos, ambos se enfrentaban a tareas sumamente complejas. Mientras que el legendario navegante Colón aspiraba a descubrir nuevas rutas marítimas ignotas, el enérgico militar Alejandro —quien pasaría a la posteridad con el sobrenombre de Magno— centró su atención en la conquista de gran parte de lo que entonces era el mundo conocido. Es en este contexto donde se sitúa el episodio del nudo gordiano. Para poder valorar en su justa medida la importancia de esta saga, es necesario comprender tanto la planificación estratégica como la ejecución de la campaña militar asiática llevadas a cabo por Alejandro. Solo teniendo en cuenta estos dos factores es posible evaluar los acontecimientos que rodearon este curioso evento.

Tras la primera etapa de la expedición asiática, el rey macedonio se vio obligado a tomar conciencia de la importancia crucial del dominio de las rutas marítimas para poder realizar con éxito la proyectada expansión continental. Una lección que tuvo que aprender dolorosamente el joven conquistador, no sin antes sufrir graves contratiempos. Al comienzo de su empresa contra el imperio persa (334 a. C.), Alejandro había descuidado por completo este aspecto estratégico, razón por la cual toda la expedición estuvo a punto de fracasar. Ya las primeras operaciones militares le mostraron claramente la importancia de la tierra y el mar como espacios interrelacionados y dependientes entre sí. Para asegurar sus avances en los territorios de Asia Menor era necesario controlar no solo las vías terrestres, sino también las comunicaciones y escalas marítimas.

Más allá de la imagen arquetípica dibujada por los autores antiguos, que presentan a Alejandro como un valiente hombre de armas, temerario y siempre victorioso, es necesario elaborar un análisis realista del rey macedonio y de sus no pocas veces erróneas decisiones para comprender adecuadamente el transcurso de su campaña. La incursión de Alejandro en las regiones minorasiáticas bajo dominio persa fue más que arriesgada. Su ejército se encontraba en una situación extremadamente vulnerable, ya que no contaba con una adecuada cobertura marítima para abastecer y asegurar sus avances en territorio enemigo. Tras su marcha por Lidia, Caria y Jonia, fue en Mileto donde Alejandro realmente se percató de las limitaciones de su capacidad operativa, ya que las regiones costeras —esenciales para mantener sus líneas de suministro— escapaban a su control. Ante la superioridad marítima de sus enemigos, Alejandro resolvió disolver su pequeña flota, poniendo así en peligro su base logística. Fue este un error fatal que pronto debió corregir para evitar que su ejército —que se hallaba en las tierras altas de Anatolia— fuera aniquilado por una acción conjunta entre la flota persa, que controlaba el Mediterráneo, y las fuerzas del rey persa Darío III, concentradas en territorio sirio.

El destino de Alejandro y su ejército pendía de un hilo. A pesar de algunos éxitos espectaculares, como su victoria en la batalla del Gránico o las tomas de Sardes o Halicarnaso, no logró eliminar a la flota enemiga que operaba en su retaguardia. Asia Menor se convirtió en el escenario de una paradójica competición entre las fuerzas terrestres macedonias, que pretendían controlar el mar, y la flota persa, que intentaba cortar el radio de acción del ejército enemigo a través del dominio de los puertos más importantes, las rutas de navegación y las líneas de suministro. La decisión de Alejandro ante este estancamiento fue marchar hacia el centro de Anatolia, hacia Gordio, un punto estratégico donde confluían las principales conexiones entre Oriente y Occidente.

Durante su estancia en Gordio, el rey macedonio hubo de tomar importantes decisiones sobre la estrategia que debía seguir. Alejandro había conducido a su ejército hasta un punto equidistante entre los potenciales escenarios bélicos. Entre la ciudad de Gordio y la costa del Egeo mediaba una distancia similar a la que le separaba del río Éufrates, donde se encontraba el rey persa con el grueso de sus tropas. Finalmente optó por presentar batalla a su rival internándose en los países de Oriente. Con ello asumió un gran riesgo, ya que una derrota habría significado el colapso total de su entonces inestable dominio sobre Asia Menor. Sin embargo, si era capaz de imponerse a sus rivales en su propio terreno, se le abriría la posibilidad de dominar la costa mediterránea sin oposición y así eliminar las bases operativas de su gran pesadilla: la flota enemiga. Todas las opciones pasaban por lograr una contundente victoria sobre el rey persa para así poner fin a la amenaza marítima que se cernía sobre el ejército macedonio, que operaba muy lejos de sus bases de aprovisionamiento.

Una vez reunido el ejército en Gordio para enfrentarse al grueso de las fuerzas persas, y realizados los preparativos para la marcha hacia el Éufrates, tuvo lugar un episodio memorable. El legendario rey Midas de Gordio —que como cuenta su saga convertía en oro todo lo que tocaba— tenía una relación especial con Macedonia. Según la leyenda, parte de la antigua población macedonia había emigrado en su día desde Frigia. Incluso en tiempos de Alejandro, una de las zonas más fértiles de las llanuras macedonias llevaba el nombre de «Jardines de Midas».

En el palacio de Gordio se hallaba un carro que tenía su lanza y su yugo firmemente atados mediante un elaborado nudo que unía unos cabos de rafia. Según una antigua profecía, el dominio de Asia recaería en manos de aquel que fuera capaz de desatar el nudo. Alejandro aprovechó la oportunidad, resolviendo con éxito la difícil tarea. No sabemos exactamente qué ocurrió en Gordio aquel día, si Alejandro quitó la estaca de la lanza o simplemente cortó el nudo con un golpe de su espada, como parece más probable. Aunque ambas versiones han sido transmitidas, nunca sabremos realmente cómo consiguió el macedonio deshacer el nudo. Una vez realizada la gesta, Alejandro se presentó ante sus tropas como un favorito de los dioses y puso en funcionamiento una eficiente maquinaria propagandística. La resolución del nudo gordiano estaba ligada a la promesa de que aquel que la realizara obtendría como premio el señorío sobre Asia. A pesar de lo incierto de su futuro, Alejandro motivará a sus tropas con esta estratagema y las alentará para seguirle en su lucha por la conquista del imperio persa.

La difusión interesada del episodio del nudo gordiano contribuyó eficazmente a agrandar el mito de Alejandro, que ya se hallaba entonces en pleno proceso de ebullición. Pero el efecto propagandístico no puede ocultar la complicada situación en la que se encontraba el rey macedonio, que podía quedar atrapado en un callejón sin salida. En su flanco occidental la flota persa operaba prácticamente sin oposición, y en Oriente la fuerza principal de su enemigo se presentaba ante él como un obstáculo harto difícil de superar. Es significativo el paralelismo entre el episodio del nudo gordiano, que Alejandro resuelve usando el filo de su espada, y la angustiosa situación en la que se encontraba en el verano del año 333 a. C. en el campo de batalla de Iso, donde solo su victoriosa espada le permitiría romper el bloqueo de sus tropas y salir adelante en su proyecto de conquista.

Más allá de la realidad política del momento, la gesta en torno al teatral método usado por Alejandro para desenredar el nudo gordiano se convertiría en un símbolo de su audacia aventurera y de su energía para alcanzar lo imposible. Tras el episodio de Gordio subyace un mensaje de exaltación de un individuo excepcional capaz de quebrantar estructuras aparentemente inamovibles y abrir nuevos horizontes de experiencias. Tanto Alejandro como Colón encarnan este tipo de personajes dinámicos, hábiles y capaces de expandir los límites de lo razonable acometiendo así objetivos de gran envergadura y trascendencia. A ambos les unía el insaciable anhelo de lo desconocido: en el caso de Alejandro, por razones ideológicas, y en el de Colón, por consideraciones prácticas. En el ánimo de nuestros personajes prevalecía la misma meta: llegar hasta la India, un territorio que obsesionaba tanto a uno como a otro.

Atraídos por la aventura del visionario Colón y las riquezas que pudieran encontrar allí, las potencias europeas pondrán su nuevo foco de atención en esas tierras desconocidas más allá del océano, donde desplegarán toda su insaciable codicia. En cierto modo, que Colón errara en la planificación de la ruta más corta desde Europa occidental hasta la India —provocando así el involuntario descubrimiento del continente americano— puede considerarse una ironía de la historia. Las huellas de este enorme malentendido siguen siendo visibles en la actualidad. Todavía hoy la zona insular que se extiende frente a las costas americanas lleva el significativo nombre de «Indias Occidentales». Del mismo modo que Alejandro, el aplicado estudiante de Aristóteles, fracasó estrepitosamente en su campaña india debido al tamaño, las distancias y la naturaleza del país, viéndose obligado a concluir su expedición y retroceder, Colón también cometió un tremendo error de cálculo. Como es bien sabido, nunca llegó a poner un pie en la India.

12. *East meets West:* Éumenes y el inicio la era helenística

Éumenes fue una de las figuras más destacadas de la dramática época que siguió a la muerte de Alejandro Magno (323-306 a. C.). Su destino deja entrever de forma paradigmática las coordenadas históricas que determinaron el espíritu de una era profundamente plagada de intrigas, luchas de poder y un sinfín de alianzas cambiantes. Debido a su cercana relación con los padres de Alejandro, el rey Filipo II y su esposa Olimpia, Éumenes se perfilaba como un ardiente defensor de la monarquía macedonia. A diferencia de los mandos militares que aspiraban a suceder a Alejandro (los diádocos), él no era macedonio, sino griego: procedía de la antigua ciudad de Cardia. Invicto en el campo de batalla, solo podrá ser finalmente derrotado mediante la intriga y la traición.

La carrera de Éumenes comenzó en la corte de Filipo II, donde fue el responsable de la cancillería real, cargo que también ocuparía bajo el mandato de su sucesor, su hijo Alejandro, a quien seguiría en su campaña contra los persas. Según la malintencionada versión de sus adversarios, acompañaba a su monarca armado únicamente con un punzón y una tablilla, mientras que los macedonios se dirigían a la guerra en Asia equipados con lanza y escudo. Sin embargo, la realidad es que Alejandro le confió la dirección de varias operaciones militares de máxima envergadura, y que incluso llegó a ser comandante de la caballería de los *hetairoi,* la fuerza de élite del ejército macedonio. Con la repentina muerte de Alejandro en Babilonia en el 323 a. C., su posición dentro de la cúpula de mando cambió bruscamente. Al principio se mantuvo al margen de las disputas acerca de la sucesión del difunto monarca. Por sugerencia suya, fueron proclamados sucesores el hermano de Alejandro, Filipo III Arrideo, y su hijo Alejandro IV, que estaba a punto de nacer. Al mismo tiempo, Pérdicas fue ascendido a la dignidad de regente del vasto imperio y tutor de los futuros reyes. Éumenes recibió Capadocia en compensación por los servicios prestados, y posteriormente obtuvo el mando supremo en Asia Menor. En esta función tuvo que combatir a Antípatro y Crátero, dos temibles rivales y experimentados hombres de armas.

En la conferencia de Triparadiso, una mayoría entre los diádocos declaró a Éumenes persona *non grata,* por lo que este decidió retirarse a sus dominios de Capadocia. La misión de eliminarlo recayó en el diádoco Antígono, que lo derrotó en el año 319 a. C., lo que obligó a Éumenes a refugiarse en la inexpugnable fortaleza montañosa de Nora. Sin embargo, la muerte ese mismo año de Antípatro, el principal adversario de Antígono, indujo a este a firmar la paz con Éumenes y a centrarse en sus otros oponentes. Éumenes se trasladó entonces a Cilicia para integrar en su ejército a los *argyráspides,* los «escudos de plata», una unidad de infantería de élite que se encontraba circunstancialmente acuartelada allí. Para ello utilizó diferentes ardides: afirmó que Alejandro se le había aparecido en sueños y le había otorgado el mando de esta gloriosa unidad; también hizo instalar la tienda real de Alejandro en el centro del campamento, donde cada mañana se oficiaba un sacrificio dedicado al legendario rey macedonio. Mediante el culto a Alejandro, el ídolo de los soldados, y una paga considerable, Éumenes logró persuadir a los vacilantes guerreros para que se unieran a su causa.

Éumenes de Cardia.

Durante la primavera del año 318 a. C., Éumenes, perseguido y hostigado por Antígono, se dirigió hacia las regiones orientales del vasto imperio para aliarse con los comandantes militares de esa región. Pero su proyecto fracasó; Seleuco y Pitón le dieron la espalda y unieron sus fuerzas a las de Antígono. Éumenes no cejó en su empeño. Tras una intensa labor de persuasión, en Susa los gobernantes de las satrapías orientales se aliaron con él aportando un gran ejército al mando de Peucestas. Aunque se negaron a reconocer al diádoco griego como comandante en jefe, esta vez sí consiguió sellar un pacto con sus colegas macedonios: las decisiones relacionadas con la guerra serían tomadas de forma colegiada. De este modo, Éumenes mantuvo sus aspiraciones de liderazgo sobre todo porque estaba en posesión de las arcas de guerra y, por tanto, en condiciones de pagar los salarios de la tropa.

Cuando Antígono alcanzó Susa, Éumenes fue capaz de destruir uno de los cuerpos de ejército más poderosos de su enemigo en las inmediaciones del río Copatres gracias a su capacidad militar y su habilidad estratégica. La retirada de Antígono hacia Media brindaba a Éumenes y a sus aliados una gran oportunidad: cortar el paso de su enemigo hacia Occidente mediante una expedición rápida y audaz dirigida a Siria. No obstante, el plan no pudo llevarse a cabo debido a la resistencia de los sátrapas orientales aliados, que no quisieron alejarse de sus zonas de dominio. Dadas las circunstancias, la guerra entre Antígono y Éumenes amenazaba con prolongarse indefinidamente.

En la batalla de Gabiene (invierno del año 316 a. C.), Peucestas provocó una situación muy delicada al huir con su caballería y dejar el flanco izquierdo del ejército de Éumenes debilitado. Aunque el ala derecha de su formación estaba a punto de desintegrarse, sus «escudos de plata» consiguieron romper el centro del ejército del enemigo equilibrando así la contienda. La victoria parecía posible, aunque finalmente nadie resultó vencedor. Tras la batalla, deseoso de seguir combatiendo contra su implacable enemigo, Éumenes intentó convencer a sus socios de acabar definitivamente con Antígono, que había perdido su infantería y podría ser derrotado fácilmente. Pero, a pesar de la contundencia de sus argumentos, no consiguió los apoyos necesarios. Los líderes de los «escudos de plata» se negaron a consumar el plan de Éumenes porque durante la contienda Antígono había logrado capturar su campamento, donde se encontraban las familias y las posesiones más valiosas de esta tropa de élite. Tal circunstancia, unida al soborno, propició la traición de sus seguidores. Éumenes fue capturado y ejecutado poco después.

La biografía de Éumenes es un buen reflejo de las agitadas convulsiones políticas y la discordia existentes dentro de la cúpula de mando del ejército de Alejandro. Los intereses contrapuestos, la envidia y la terquedad de los implicados se impusieron a la habilidad política y a la capacidad de consenso, una situación que se vio agravada por el chovinismo provinciano que los macedonios mostraron frente a Éumenes por no ser este miembro de su etnia. Sin embargo, es cierto que, gracias a su agudeza mental y a sus habilidades militares, Éumenes podría haber logrado una solución razonable para una situación tan explosiva como la que estalló tras la repentina muerte de Alejandro Magno. Por desgracia para él, no tuvo la oportunidad de conseguirlo. Esta trágica figura, que había cambiado la tablilla de escritura por la espada, se inscribe, como otras tantas, en el umbral de la era helenística, un período de la historia que comenzó con violencia, guerra y destrucción pero que terminará constituyendo una época fecunda en avances técnicos, económicos y culturales que influirán decisivamente en la posterior evolución del mundo antiguo. El término «helenismo» refleja una idea introducida en el siglo XIX por el historiador Johann Gustav Droysen para designar la época comprendida entre la expedición asiática de Alejandro y la formación de los distintos Estados liderados por sus sucesores, y la conquista romana de la parte oriental del mundo mediterráneo y el Próximo Oriente durante los siglos II y I a. C.

Las expediciones realizadas por Alejandro y el esplendor que las rodea no pueden ocultar el hecho de que muchas de sus empresas quedaran incompletas y que sus sucesores fueran incapaces de preservar la unidad del imperio conquistado. Las heterogéneas condiciones políticas, sociales y culturales de los nuevos territorios se amoldaban solo a la irrepetible figura de Alejandro. Ninguno de sus sucesores pudo mantener a la larga su indiscutible autoridad. La disolución del imperio también se debió a la falta de cooperación de las élites persas, un elemento básico para gobernar un territorio tan vasto y heterogéneo. Fue precisamente la estrategia de integración llevada a cabo por Alejandro la que suscitó el escepticismo de la clase dirigente macedonia, que terminó por rechazar la idea de un gobierno macedonio-persa compartido. Tras la muerte del rey, prevalecerá la tendencia occidentalizante. Las consecuencias de esta tensión entre integración o exclusión tuvieron gran repercusión tanto en el establecimiento de un diseño estatal estable como en su posterior orientación conceptual. En efecto, la prioridad de los territorios conquistados se desplazará desde las ciudades orientales de Babilonia, Susa, Persépolis y Ecbatana hacia el Occidente. Durante la era de los diádocos, el Egeo y el Levante mediterráneo se convertirán en el centro gravitatorio de la política: Pela, Éfeso, Pérgamo, Rodas, Seleucia, Antioquía del Orontes o Alejandría del Nilo se configurarán como los nuevos centros de poder del mundo helenístico.

La implacable lucha por la herencia de Alejandro provocó una fragmentación del mapa político del Mediterráneo oriental y del Oriente Próximo. Surgieron nuevas realidades políticas, como la monarquía ptolemaica en Egipto, el Imperio seléucida en Oriente Próximo y Oriente Medio, el reino antigónida en Macedonia, la dinastía atálida en Asia Menor o las confederaciones griegas (Arcadia, Etolia, Acaya o la Grecia insular). Como ninguno de estos Estados era lo bastante solvente para alcanzar una posición hegemónica, la arquitectura política del mundo helenístico generó un sistema de equilibrio de poderes entre las principales potencias que lo componían. No obstante, en el terreno de la antropología cultural, la época helenística promovió realizaciones imperecederas. Las civilizaciones orientales y occidentales se fundieron con notable éxito. Este mestizaje cultural contribuyó de forma decisiva a la primera globalización del mundo antiguo, anterior a la segunda globalización que protagonizará el Imperio romano siglos más tarde.

Alejandría se convirtió en el centro de la cultura helenística. Su núcleo era el *Museion,* el centro de enseñanza e investigación más importante de la Antigüedad, fundado por Ptolomeo. Por este motivo, cuando hablamos del padre de la geometría, recordamos al alejandrino Euclides. El científico más famoso fue, sin embargo, Arquímedes de Siracusa (véase el capítulo 15). También se consiguieron notables avances en el área de la astronomía y la geografía: Aristarco invocó la visión heliocéntrica del mundo según la cual el Sol, y no la Tierra, constituía el centro de nuestro sistema astral. El alejandrino Eratóstenes, partiendo de la forma esférica de nuestro planeta, calculó su circunferencia con bastante exactitud.

Junto a Alejandría —el epicentro científico del mundo helenístico—, Atenas se instituía como el lugar principal en torno al cual se agrupaban las nuevas escuelas de pensamiento. Mientras que la filosofía platónica irradiaba su pensamiento desde la Academia de Atenas a todo el mundo antiguo, el Liceo se constituía como la escuela inspirada en las enseñanzas de Aristóteles. La doctrina de Epicuro, por su parte, se oponía a las emociones incontroladas, tenía en poca estima cualquier clase de actividad política y proclamaba la experiencia de un vínculo humano armonioso —dentro de los límites de un grupo relativamente pequeño de personas— como el ideal de la vida en común. Finalmente, la filosofía estoica fundada por Zenón se convirtió en el movimiento intelectual más influyente de la Antigüedad. Sus seguidores compartían la convicción de que el hombre que vivía en armonía con la naturaleza o las leyes divinas podía encontrar, con ayuda de la razón, el camino correcto hacia una existencia plena. El estoicismo se convertirá en una doctrina cosmopolita, y su ideal político se encarnaba en un Estado universal en el que el regente gobernaría según el orden divino y garantizaría la armonía entre las personas.

En el mundo helenístico las comunidades de culto recibieron especial relevancia, dejando entrever una tendencia a la abstracción religiosa. El sello distintivo de la nueva religiosidad fue el auge de los cultos mistéricos, por lo que la diosa egipcia Isis, el dios sol sirio Baal-Helios y los misterios de Mitra y Cibeles se extendieron rápidamente hacia Occidente. Se desarrollaron rituales y normas éticas alrededor de estos cultos que ofrecieron a sus seguidores un apoyo firme y la esperanza de una vida mejor después de la muerte. Estos movimientos religiosos provenientes de Oriente conquistaron poco a poco el mundo occidental, desarrollando el caldo de cultivo en el que, siglos más tarde, cristalizaría el cristianismo.

Al margen del posterior impacto del Imperio romano, Alejandro y sus sucesores dejaron una huella indeleble que forjó el desarrollo del mundo antiguo. Su mayor logro consistió en ampliar considerablemente el vínculo entre Oriente y Occidente. La simbiosis cultural, la expansión de la civilización griega hacia Oriente y la absorción de ideas, cultos y modos de vida orientales en Occidente son solo algunos de los conceptos clave que caracterizan este complejo proceso de intercambio y transformación. La península Balcánica, la región del Egeo, Egipto, el Levante, Asia Menor y Oriente Próximo continuaron siendo el epicentro de la cultura helenística hasta la expansión del islam. El helenismo empezó a irradiar su influencia a partir del siglo III a. C. hacia Occidente, donde encontró un nuevo hogar en Cartago y Roma. Sin su legado, son difícilmente imaginables el desarrollo político, la cultura y la religión del Imperio romano y, por tanto, los fundamentos esenciales de la Europa moderna.

13. Dido y Eneas o ¿puede el amor provocar el desastre?

¿Quién no conoce la fraternal disputa entre Rómulo y Remo, probablemente el episodio más renombrado del variado repertorio de las leyendas fundacionales romanas? Su potencial político lo ilustra el hecho de que Cayo Octavio consideró, tras su ascenso al poder, la posibilidad de cambiar su nombre por el de Rómulo antes de convertirse en Augusto. Como sabemos, el proyecto fracasó debido a una versión de la leyenda según la cual Rómulo había sido asesinado por unos cuantos senadores indignados. Octavio no quiso vincular su recién adquirida posición de dominio sobre el Estado romano con un signo tan desfavorable y renunció a desafiar al destino. Hasta tal punto podía el mito penetrar en la realidad histórica.

Algo similar ocurre en Cartago, de cuya primera fase de su historia también conocemos un amplio abanico de leyendas, agrupadas en torno a la saga de la fundación de la ciudad. Al contrario de lo que sucede con el pasado romano, que fue imaginado por autores nativos o filorromanos, la versión del episodio fundacional de Cartago que nos ha llegado no es obra de escritores cartagineses. Donde se ha conservado más en detalle es en la obra de Pompeyo Trogo (Justino). Si reducimos las distintas ramas de la tradición a una versión principal, estos serían sus rasgos esenciales: Elisa, la hermana del rey Pigmalión, gobernante de la ciudad fenicia de Tiro, huyó de su ciudad natal porque su hermano quería eliminarla para apoderarse de los bienes de su rico esposo —que además era su tío—, el sacerdote de Melkart Akerbas. Tras una escala en Chipre (Citión), Elisa —más conocida por el nombre de Dido gracias a la *Eneida* de Virgilio— navegó con sus seguidores hacia la costa norteafricana. Allí los recién llegados consiguieron el derecho de hospitalidad por parte de los pobladores autóctonos libios, quienes les cedieron tanta tierra como pudieran cubrir con ayuda de una piel de toro cortada y extendida sobre el suelo (ciudadela de Birsa). Sobre ese territorio levantaron la 'Ciudad Nueva', porque ese es el significado literal de la voz «Cartago» (*Qarthadasch*). Los nuevos colonos se comprometieron a pagar tributo a sus originarios poseedores. Cuando el régulo númida Hiarbas quiso casarse con Elisa, esta se suicidó para preservar, merced a su sacrificio, la existencia de la ciudad.

Otra lectura popular de la historia arcaica de Cartago se centra en la relación entre Dido y Eneas recogida en la obra del poeta romano Virgilio, creador de una saga heroica latina inspirada en Homero, y cuyo título, la *Eneida,* logrará inmortalizar el nombre de su protagonista. Según la leyenda, una gran tormenta alcanzó a Eneas, hijo de la diosa Venus, mientras huía de Troya, y lo arrastró hasta las costas de la recién fundada Cartago. Al igual que la legendaria Nausícaa, hija del rey de los feacios en los poemas homéricos (véase el capítulo 2), Dido acogió al desconocido, quien le relató la caída de su ciudad natal y las dramáticas circunstancias que lo habían llevado ante ella. Durante años, el superviviente de Troya, empujado y arrastrado de una costa a otra, se había visto inmerso en una ardua odisea que parecía haber culminado por fin con su llegada a Cartago.

Alentada por las diosas Venus y Juno, Dido se enamoró de Eneas, quien también correspondió a sus sentimientos. Entonces ella decidió unirse al forastero en matrimonio pese a que había jurado mantener el celibato tras la muerte de su marido. Pero Júpiter tenía reservados otros planes para el troyano itinerante, que se verá obligado a romper su relación con Dido y trasladarse a Italia para edificar allí los cimientos del futuro Estado romano. Cuenta la segunda parte de la leyenda que Mercurio, en nombre de Júpiter, se desplazó a Cartago para persuadir a Eneas de que abandonara el suelo africano y culminara así el destino que le habían asignado los dioses. Poco después de la trágica separación de los amantes, la desesperada Dido se suicidó. A este respecto, Katharina Wesselmann, al analizar el trasfondo antropológico de la saga, ha señalado acertadamente:

Aquí no se trata de amor, sobre todo porque el amor, como sabemos, fue conjurado por manipulación divina y para Dido estuvo asociado al tormento desde el principio. No, no se trata de amor, sino de la supervivencia de una mujer muy amenazada desde el principio en un mundo brutal, dominado por los hombres, impregnado de guerra y dominación, un mundo en el que una mujer no puede existir sin un protector[1].

Debido a la enorme relevancia de los personajes implicados en la trama y a la desesperada situación de Dido, no es de extrañar que el trágico final de esta prometedora relación amorosa fuera objeto de una intensa acogida en la literatura, las artes plásticas y la música. De entre los muchos dramas musicales que tratan sobre la famosa y malograda pareja, la ópera estrenada por Henry Purcell en Londres en 1688 es probablemente la más conocida. Tal fue su éxito que sigue representándose de forma continuada incluso en nuestros días. Analizado el hilo de la leyenda en retrospectiva, el destino de Dido parece anticipar el posterior antagonismo entre Roma y Cartago. *A posteriori,* el trágico desenlace del episodio se presta a ser considerado el presagio de unas esperanzas incumplidas que bien habrían podido derivar en armonía y cooperación en vez de traducirse, como realmente ocurrió, en confrontación y guerra entre Roma y Cartago.

No es tarea fácil dilucidar los distintos estratos históricos de este entramado de leyendas, que no permiten obtener una versión clara y definitiva de los hechos. Sin duda algunos nombres de los personajes que los protagonizan pueden documentarse históricamente (por ejemplo, Pigmalión, rey de la ciudad de Tiro; también el nombre de Elisa es fenicio, a diferencia de Dido), pero tanto el marco general del relato como algunos detalles esenciales fueron imaginados confor-

---

1. K. Wesselmann, *Die abgetrennte Zunge. Sex und Macht in der Antike neu lesen,* p. 73. Darmstadt, 2021. Traducción propia.

me a modelos novelísticos griegos. El escenario de esta composición literaria habrá que buscarlo indudablemente en el
círculo cultural siciliota, que desde el siglo VI a. C. mantenía
una viva relación con Cartago. Si observamos los elementos
constitutivos de ambas leyendas fundacionales, no resulta
sorprendente que fueran precisamente acontecimientos ocurridos posteriormente los que impulsaran la elaboración de
un relato lleno de efectos dramatúrgicos. La creciente importancia política de Cartago exigía una historia anclada en un
glorioso y lejano pasado, ennoblecida por las extraordinarias
gestas de sus legendarios héroes y heroínas. Dichos factores
subrayaban el carácter inconfundible de la ciudad, así como
sus excepcionales logros.

Los hechos documentados históricamente pueden resu-
mirse en unas pocas frases. Al inicio de las peripecias que
antecedieron a la fundación de Cartago se produjo una
confrontación política interna en Tiro dentro de los estratos dominantes. Como resultado de ello una parte de la nobleza local, junto con sus adeptos (la fracción de Melkart),
abandonó el país y emigró a Chipre. Allí fracasó el proyecto de fundar una ciudad, y tras otra odisea, se acometió un
nuevo intento en el norte de África que solo fue coronado
por el éxito después de superar considerables dificultades,
como el pago de tributo a los pobladores libios. Una emi-
gración masiva procedente de Tiro permitió muy pronto
que la recién fundada «Ciudad Nueva» pasase a ser algo
más que una mera factoría comercial. Debido a su potencial demográfico y a la magnitud del terreno colonizado,
superior a la media en extensión, la colonia norteafricana
se distinguió netamente de otros asentamientos fenicios occidentales. Sea como fuere, desde el principio Cartago apa-

rece como una entidad consciente de sí misma, unida a la metrópoli fenicia por relaciones religiosas y familiares, pero políticamente autónoma, comparable a las más importantes ciudades etruscas o griegas de la región, como Masilia, Caere o Siracusa.

La vinculación de Dido con Eneas permite extraer conclusiones políticas, pues nos transmite una versión interesada del dualismo romano-cartaginés, construido sobre la base de acontecimientos posteriores que se remontan al período fundacional y que supuestamente proporcionan una explicación alegórica del enfrentamiento que se produjo siglos más tarde. La relación entre Dido y Eneas parece darle la razón al famoso dicho «del amor frustrado surge el odio desenfrenado». Al mismo tiempo, los vínculos sentimentales entre los dos personajes evocan una estrecha cooperación entre Cartago y Roma, hecho que durante siglos fue una indiscutible realidad. Cuando la buena relación acaba deteriorándose con el tiempo —según la saga por los vaivenes del destino, pero en realidad por un conflicto de intereses—, se insinúa que habría sido posible llegar a un acuerdo satisfactorio para ambas partes. Desde esta perspectiva, la proverbial rivalidad entre Roma y Cartago se perfila como el resultado de una serie de oportunidades perdidas, lo que, por otra parte, había sido posible en tiempos inmemoriales si tenemos en cuenta la íntima conexión existente entre los fundadores míticos de ambas ciudades.

Como otros entes políticos de la Antigüedad, también Roma desarrolló una compleja saga fundacional plena de tintes dramáticos y alegóricos. En el centro de la trama se sitúa Eneas, que huye de la ardiente Troya y llega a Cartago, donde es acogido amigablemente por su reina Dido.

De esta manera, la tradición romana se vincula en línea directa con la mítica ciudad de Troya, realzando la colonización de las tierras itálicas por los troyanos. Es así como se pone de relieve la privilegiada relación de los primeros habitantes de Roma con un contexto heroico y, por ello, venerable y digno de ser recordado. Al igual que conocemos la fecha de la fundación de Roma —que el historiador romano Varrón fijó en el año 753 a. C.—, también el historiador Timeo informa del año de la fundación de Cartago (814 a. C.). Eneas desempeña en Roma un papel similar al que ejerce Dido en Cartago, quien se convierte en el icono mítico que ennoblece el pasado de la ciudad africana, a lo que se suma, además, que su trágico destino está envuelto en un halo de magia y misterio.

Algunos lectores se preguntarán qué habría ocurrido si Eneas hubiera resistido enérgicamente los susurros de Júpiter y, sin importarle su destino, hubiera permanecido con Dido en Cartago disfrutando plenamente de la vida. ¿Habría seguido la historia un curso diferente? ¿Se habría producido entonces el enfrentamiento entre Roma y Cartago? ¿Se habrían evitado acaso las sangrientas guerras romano-cartaginesas? El historiador es incapaz de dar respuestas fundamentadas a tales preguntas. Solo es posible afirmar algo con total certeza: que, al rendirse a su destino, las figuras legendarias de Dido y Eneas alcanzaron al mismo tiempo una fama inmortal y un aura legendaria. Circunstancias que aún hoy nos fascinan y que confieren a la tensión entre mito e historia una dimensión profunda y cautivadora.

14. Los pollos sagrados deciden una batalla naval

En la mentalidad romana, como en la de todas las sociedades antiguas, las esferas de la religión y de la política aparecen entretejidas de manera inseparable. Los ciudadanos romanos tenían la firme convicción de que la conformidad de los dioses con el quehacer y las instituciones de su comunidad se manifestaba a través de los éxitos cosechados, que culminarían en la implantación del dominio de Roma sobre el mundo civilizado. Los impresionantes logros políticos del Estado eran considerados un fiel reflejo de su comunidad de culto. Por tanto, los romanos entendieron y asumieron sus múltiples éxitos como una justa y merecida recompensa a su manifiesta vocación y observancia religiosas *(pietas)*. Es en la vida cotidiana romana donde se evidencia de manera más llamativa esta estrecha relación entre religión y política. Magistrados y senadores ostentaban altas dignidades sacerdotales; posteriormente, los emperadores ejercerán, en su calidad de *Pontifex Maximus*, la supervisión de los colegios religiosos más prestigiosos, así como la ejecución de los rituales preceptivos de los múltiples cultos que constituían el complejo entramado de la religión romana. Precisamente esta acumulación de dignidades sacerdotales en manos de aquellos que estaban investidos de responsabilidades públicas otorgó a las prácticas religiosas un extraordinario significado político.

La consulta de los auspicios antes de acometer cualquier tarea oficial, los votos que se emitían para alcanzar determinados objetivos o la directa invocación de los dioses en momentos de máximo peligro y crisis —especialmente antes de iniciar acciones militares— convertían a los dioses en garantes y corresponsables del éxito obtenido. Todos los triunfos que se registraban en la esfera bélica se consideraban logros especialmente dependientes de la aprobación divina. Numerosos ejemplos nos hablan del modo en que debían oficiarse una serie de rituales ancestrales antes de iniciar cualquier operación militar, ya fueran actos u ofrendas sacrificiales, un devoto seguimiento de los presagios sobrenaturales o promesas de satisfacer los votos profesados en caso de finalizar venturosamente el cometido. Solo tras la estricta observancia de estos deberes religiosos se podía pasar a la acción.

Fijémonos en un episodio ocurrido durante una batalla naval librada por la flota romana y que ilustra la íntima conexión entre las prácticas religiosas y toda acción política desarrollada en nombre del Estado. Los hechos tuvieron lugar en la fase final de la primera guerra romano-cartaginesa, frente a la costa occidental siciliana. En el 249 a. C., el cónsul Publio Claudio Pulcro, comandante de la armada romana en el Mediterráneo central, se preparaba en las cercanías de Drépana para entrar en combate con las embarcaciones del almirante cartaginés Adérbal. A fin de cumplir con sus obligaciones religiosas antes de romper las hostilidades, el cónsul ordenó la consulta del oráculo de los pollos sagrados. Para ello debía administrárseles a las sufridas criaturas la comida prescrita para obtener, tras su consumo, el esperado augurio favorable que permitiera acometer el desafío. Pero entonces ocurrió algo inusual e inesperado. Los animales se negaron a ingerir el alimento. Esta circunstancia suponía un mal presagio en sí misma, y debía por tanto haber incitado al comandante de la flota a abandonar su plan de combate y postergarlo para otro momento. Sin embargo, esto no sucedió. Impaciente e irritado por las complicaciones surgidas, Publio Claudio Pulcro pasó por alto los reparos religiosos y, aludiendo a los pollos sagrados, pronunció la funesta frase: «Puesto que no quieren comer, que beban»[1], para, acto seguido, arrojarlos al mar.

Como era de esperar, el resultado de la batalla fue absolutamente nefasto para la marina romana. Publio Claudio perdió más de cien embarcaciones, y miles de hombres sucumbieron durante una contienda iniciada, desde el principio, en condiciones a todas luces desfavorables. La batalla naval librada en las inmediaciones del puerto de Drépana representó para Roma una de las mayores catástrofes de la primera guerra romano-cartaginesa, causada, según la opinión generalizada, por la impía actitud del almirante roma-

1. Valerio Máximo, *Epítome* I, 4, 3. Traducción de Santiago López Moreda, María Luisa Harto Trujillo y Joaquín Villalba Álvarez (Editorial Gredos).

no y, sobre todo, por su manifiesto desprecio de los preceptos de la religión romana. A su regreso a Roma se le pedirán explicaciones no tanto por su incapacidad militar como por el sacrilegio cometido, que, según la opinión pública, fue el verdadero motivo de la aparatosa derrota. Y aunque desde la perspectiva actual puede resultar bastante extraño o incluso grotesco, para los contemporáneos este tipo de augurios tenían un significado muy concreto y, por supuesto, serio. Según la creencia romana, el éxito en cualquier campo de batalla solo era posible de acuerdo con la voluntad divina. Cada desviación de esta norma se traducía en una reducción deliberada de las posibilidades de victoria.

A ojos del historiador romano Tito Livio, también Aníbal estaba condenado al fracaso, pues veía en el enérgico general cartaginés la encarnación de la irreligiosidad. Sin embargo, al examinar estos ejemplos, no se debe incurrir en el error de acusar a la religiosidad romana de un excesivo formalismo, férreo y superficial. Esta etiqueta ocasional surge de un malentendido como consecuencia de mezclar la profesión de fe en la era moderna con el romanticismo noreuropeo, que enfatiza sobremanera la primacía de la experiencia religiosa subjetiva. Semejante apreciación no valora suficientemente la estrecha relación entre la gran carga de racionalidad y el exceso de exaltación que aviva y define las prácticas de la *religio* romana y, por tanto, no toma en suficiente consideración el enorme potencial de realismo que en todas las sociedades de la Antigüedad subyacía detrás del culto, y que se basaba en la vigencia de un cúmulo de redes, relaciones y lazos personales que vinculaban lo humano con lo sobrenatural y viceversa: *do ut des.*

Volviendo la vista de nuevo al aparentemente grotesco episodio de los pollos sagrados, es importante destacar que no se trataba de simples ejemplares ordinarios de su especie, cargados en las naves romanas de forma azarosa, sino que eran animales cuidadosamente seleccionados. Se les consideraba sagrados porque de ellos, como instrumentos de una voluntad sobrenatural, emanaba la predicción del futuro. Por esta causa era la providencia divina la que determinaba su comportamiento. Quien dude de la lógica de estos hechos debería siempre pensar en la batalla naval que perdió el incauto Publio Claudio Pulcro. ¿Habría ganado el combate el comandante romano si los pollos hubieran aceptado de buen grado la comida que se les ofrecía? Es posible, aunque esta incógnita es algo que solo los mismos dioses podrían resolver.

Del ritual de los pollos sagrados podemos extraer diferentes lecciones sobre la dependencia mutua entre la esfera divina y la humana en la cosmovisión anímica de la sociedad romana. De manera ininterrumpida, los individuos más notables y ambiciosos de la Antigüedad invocaron la protección de la esfera sobrenatural mediante sacrificios y el ofrecimiento de votos como acción de gracias en recompensa de sus deseos. Asimismo, los sueños y las visiones fueron igualmente un importante método comunicativo y un soporte para recibir la asistencia divina solicitada en situaciones especialmente críticas o amenazantes. Así como Alejandro Magno recurrió a Hércules, Escipión a Júpiter y Augusto a Apolo en los momentos más difíciles de sus respectivas vidas, los gobernantes posteriores a Constantino invocarán repetidamente al dios cristiano rogándole imponerse a sus enemigos. Un requisito imprescindible para conseguir el beneplácito del más allá era siempre el escrupuloso cumplimiento de los rituales prescritos. De esta forma se establecía una indisoluble relación entre los implorantes y los otorgantes. Violar las invisibles líneas que conectaban el esfuerzo humano y el favor divino solo podía considerarse una necedad, como ocurrió con Publio Claudio Pulcro y los malparados pollos sagrados. No en vano se dice que el malogrado comandante de la escuadra romana recibió de sus coetáneos el deshonroso epíteto de *asinus,* 'el asno'. En tales situaciones, los antiguos nunca culparon a los dioses, sino a las personas responsables de quebrar las normas del culto, pues solo ellas podían acarrear catástrofes como la que provocó deliberada e innecesariamente el inconsciente Publio Claudio Pulcro.

15. Arquímedes de Siracusa y la maldición de la ciencia

Arquímedes de Siracusa es una de las personalidades más sobresalientes dentro del ámbito de la sabiduría y el conocimiento en el mundo antiguo. Además de ser una figura destacada en el campo de las matemáticas, la geometría, la ingeniería o la física, desempeñó un papel muy relevante en los avatares que atormentaron a su ciudad natal, Siracusa, en el curso de la segunda guerra romano-cartaginesa. Arquímedes se educó en Alejandría, la meca de la cultura y la ciencia helenísticas, y allí entró en contacto con grandes sabios, como Conon de Samos, Dositeo o Eratóstenes (véase el capítulo 12). Fue en los renombrados centros de investigación y las escuelas alejandrinos donde Arquímedes forjó su perfil científico. Al regresar a Siracusa, ya era considerado uno de los talentos científicos más prometedores de su generación. En su trabajo combinó de forma muy productiva la teoría y la práctica, y de hecho extrajo muchas de sus ideas de la observación directa de la naturaleza y la evaluación empírica de determinados experimentos. Sin embargo, su mayor fama se debe a sus numerosos inventos e innovaciones. Además de formular las leyes que explican los principios de la palanca y del peso específico, calculó el número π, factor indispensable en el ámbito de la geometría. También descubrió el llamado «principio de Arquímedes», decisivo para calcular la fuerza de atracción de los cuerpos flotantes en espacios líquidos. Se dice que mantuvo una extensa correspondencia con las mentes más brillantes de su época y que, gracias a esos intercambios —durante los cuales se abordaban diversos temas o se comentaban posibles teorías y problemas aparentemente irresolubles—, pudo aumentar su ya de por sí inmenso conocimiento de las leyes de la naturaleza. Arquímedes fue sin duda un célebre polímata, un hombre con vastos conocimientos en diversas materias científicas que alcanzó una merecida fama y provocó admiración más allá de las fronteras de su patria, Sicilia.

El estallido de la segunda guerra romano-cartaginesa (218 a. C.) se convirtió en uno de los acontecimientos más decisivos de su vida, un evento que marcó para siempre su destino. Tras los espectaculares avances de Aníbal en Italia, Siracusa —una de las ciudades más populosas y prósperas del Mediterráneo occidental y, hasta entonces, aliada de Roma— se alió con el bando de los cartagineses. El regente siracusano Jerónimo quedó fascinado por las hazañas del legendario estratega cartaginés y estimó que había llegado el momento oportuno de liberarse de la tutela romana. Este reajuste político influyó considerablemente en el transcurso de la guerra, pues obligaba a los romanos a reforzar su presencia militar en Sicilia y abrir un nuevo frente en la hasta entonces tranquila isla. Las consecuencias de la guerra se dejaron sentir pronto en Siracusa, ya que los romanos establecieron un bloqueo marítimo y terrestre para neutralizar la ayuda que la ciudad podía brindar a Cartago. Esta nueva beligerancia también determinó de forma dramática la vida de sus habitantes, y Arquímedes se vio naturalmente involucrado en los avatares de la guerra. En el año 213 a. C. el gobierno cartaginés trasladó un ejército a Sicilia, al mando de Himilcón, para apoyar a Siracusa, constantemente sitiada por las legiones romanas. Pese a que Himilcón logró conquistar Agrigento, no pudo, sin embargo, romper el cerco del ejército romano, que asediaba la gran metrópoli siciliana. Similar suerte corrió otro contingente enviado por Cartago, que no consiguió ofrecer un apoyo eficaz a la ciudad cercada debido a la superioridad de las fuerzas navales romanas.

Que la ciudad griega más importante de Sicilia fuera capaz de aguantar durante tanto tiempo la presión del ejército romano se debe, en parte, a la labor del erudito Arquímedes, que puso todo su ingenio y sus conocimientos en el campo de la física y la mecánica al servicio de la ingeniería y logística bélicas. Los sofisticados artefactos de guerra diseñados por él y la puesta en marcha de ingeniosos sistemas defensivos construidos siguiendo sus instrucciones llevaron a las tropas romanas al borde de la desesperación, ya que no fueron capaces ni por mar ni por tierra de abrir brecha en la sólidamente defendida fortaleza siracusana. Fue hasta cierto punto gracias a Arquímedes, a su talento para la improvisación y a sus eficientes medidas defensivas por lo que el ejército romano tuvo que emplearse a fondo durante un dilatado período de tiempo, dando así el necesario respiro a su ciudad. Si antes de la guerra ya se había forjado un nombre como destacado científico, a partir de entonces pasará a los anales de la historia militar como el creador de numerosos artefactos castrenses y estrategias bélicas. Sus ingeniosas máquinas arrojadizas, catapultas y cabrestantes demostraron ser especialmente eficaces, al igual que sus grandes espejos ustorios, los cuales, aprovechando la fuerza solar, se convirtieron en una verdadera pesadilla para las velas de las embarcaciones enemigas.

En el verano del año 212 a. C., los romanos consiguieron finalmente romper el hasta entonces inexpugnable baluarte de la sólida fortaleza siracusana gracias a la traición y a la falta de atención de los defensores de su extenso perímetro amurallado. Por última vez, y para evitar su caída en manos romanas, los cartagineses intentaron ayudar a los siracusanos, pero todos sus esfuerzos resultaron infructuosos. Poco después la ciudad griega más emblemática y disputada del Mediterráneo occidental cayó en poder de los sitiadores. Marco Claudio Marcelo permitió que sus legiones la saquearan, lo que provocó que enormes cantidades de tesoros artísticos y riquezas de diversa índole llegaran como botín de guerra a Roma. Tras sufrir numerosas penalidades, Roma, después de conquistar Siracusa, empezó a albergar nuevas esperanzas de poder vencer finalmente a Aníbal, que por entonces todavía seguía invicto en suelo itálico.

El asedio y la toma de Siracusa estuvieron estrechamente relacionados con la energía desplegada por Arquímedes, quien había ligado irremediablemente su destino a su ciudad natal. Por ello la derrota supuso también su perdición. Según cuentan los testimonios antiguos, durante el tumulto que siguió al asalto de la ciudad, el incansable Arquímedes seguía absorto en sus investigaciones y experimentos científicos, sin prestar demasiada atención a lo que sucedía a su alrededor. Fue así como lo sorprendió un soldado romano, que lo ejecutó probablemente sin saber de quién se trataba. Según la leyenda, en ese trágico momento, Arquímedes solo llegó a exclamar: «¡No molestes mis círculos!». El comandante en jefe de las legiones romanas, Marco Claudio Marcelo, que tenía en muy alta estima la cultura helenística, se entristeció profundamente por la muerte del sabio erudito y mandó que lo enterraran con todos los honores.

Tomemos nota de esta circunstancia: Aníbal, el extraordinario hombre de armas y estadista, y Arquímedes, la autoridad científica de renombre en todo el mundo antiguo, lucharon juntos contra Roma. Tal vez esta alianza —seguramente no del todo casual— que unía la fuerza y el ingenio contra un enemigo común fuera fiel reflejo de un estado de ánimo generalizado en aquellos territorios que se resistían ante el avasallador avance romano. Posiblemente podemos interpretar esta conjunción de pareceres como un símbolo del escepticismo y el rechazo que las culturas ancestrales, la griega o la cartaginesa, mostraban hacia la arrogante potencia hegemónica itálica, que, por su parte, estaba a punto de imprimir una huella imborrable en todo el mundo mediterráneo.

En la personalidad de Arquímedes de Siracusa se concentran y se mezclan dos elementos polarizados, en mutua tensión, que frecuentemente confluyen en el ánimo de relevantes científicos e investigadores de todas las épocas. Por una parte, el ingenio que trae aparejada la fuerza creativa de una mente brillante e innovadora, y, por otra, la indiscutible repercusión de sus investigaciones en el desarrollo de técnicas armamentísticas, estrategias bélicas o, en el caso más agudo, armas de destrucción global. Uno de los ejemplos más famosos del siglo pasado fue la construcción de la primera bomba atómica, en la que participaron preclaros científicos que habían encontrado refugio del régimen nazi en Estados Unidos. En la famosa obra de teatro *Los físicos,* del autor suizo Friedrich Dürrenmatt (1961), escrita un año antes del estallido de la crisis de Cuba, o en la obra de Heinar Kipphardt *El caso Oppenheimer* (1964), representada unos años más tarde, se pone de relieve el destacado papel de la ciencia en los conflictos globales con el trasfondo de una posible escalada bélica en nuestra propia era, caracterizada por una permanente amenaza nuclear.

En vista de semejante situación, no podemos obviar que sobre las mentes científicas más creativas de todas las épocas parece pesar una terrible maldición. Una serie de investigadores de talento se enfrentan al dilema de decidirse a desarrollar tecnologías con fines bélicos, provistas de una incalculable capacidad destructiva, o simplemente negarse a colaborar en esta clase de proyectos. Dicho tema resulta tan delicado hoy en día como lo fue en la Antigüedad. A algunos cerebros privilegiados se les obliga a trabajar para fines militares contra su voluntad, pero otros lo hacen por convicción o por otras razones. El caso de Arquímedes es un buen ejemplo de cómo en un estado de emergencia bélica el ingenio científico de un ciudadano difícilmente puede desentenderse ante la presión ejercida por su propio entorno, tal como sugiere el comentario de Plutarco que alude al dilema al que se enfrentaba Arquímedes:

Pero aquello no significaba nada para Arquímedes y para los ingenios de Arquímedes. Este hombre los tenía por materia nada digna de interés y la mayor parte habían sido resultados accesorios de juegos geométricos, pues ya antes el rey Hierón lo apreciaba y había convencido a Arquímedes de que volviera algo de su arte de lo inteligible a lo corpóreo y lo hiciera más conocido para la gente del común mezclando de algún modo lo racional con lo sensible en los asuntos prácticos[1].

1. Plutarco, *Marcelo* 14, 7-8. Traducción de Aurelio Pérez Jiménez y Paloma Ortiz (Editorial Gredos).

16. Sofonisba: en el punto de mira de la pasión

El presente capítulo nos revela un episodio pleno de amor, pasión, emociones y, en última instancia, un frío pragmatismo alimentado por la razón de Estado, como ha acontecido una y otra vez a lo largo de la historia: tanto Napoleón Bonaparte y Josefina de Beauharnais como Eduardo VIII y Wallis Simpson —por citar solo algunas parejas famosas— ilustran ese tipo de enredos sentimentales que conjugan al mismo tiempo una fuerte dosis de dramatismo y una gran carga de explosividad política. También en nuestro caso, procedente de la Antigüedad clásica, observamos una conmovedora red de relaciones sentimentales, instrumentalizadas por tres hombres conscientes de su poderío, en cuyo centro se ubicaba una mujer extraordinaria que ya en su época se había convertido en un mito: Sofonisba. Para relatar los vaivenes de su agitada vida, es necesario remitirse a las coordenadas políticas que determinaron su cambiante destino y la convirtieron en una disputada rehén rodeada de una serie de intereses contrapuestos.

Todo comenzó en la última fase de la segunda guerra romano-cartaginesa ante la inminente retirada del ejército cartaginés de Italia (203 a. C.), donde había ocupado amplias zonas del país durante más de una década. La continuación de las hostilidades en suelo africano anunciaba la fase final de la dilatada contienda, en la que tanto Aníbal como Escipión se esforzaban por llegar a su punto final. La situación política en el norte de África era extremadamente compleja ya que Numidia, el *hinterland* de Cartago, estaba dividida en dos zonas: el territorio occidental y más extenso estaba gobernado por Sifax; y la parte oriental y más pequeña, situada en las inmediaciones de Cartago, había caído, tras la muerte del rey Gaia, en manos de su hijo Masinisa. Existía una ancestral rivalidad entre ambos reinos. La guerra, trasladada por los romanos al norte de África, no tardó en mezclarse con las inveteradas rencillas tribales entre los pueblos númidas. Los diferentes intereses de las partes implicadas —cartagineses, romanos y númidas— hacían concebible todo tipo de pactos y coaliciones.

Sifax y Masinisa mantenían una relación tensa y ambivalente con la metrópoli púnica de Cartago. Aunque en ocasiones se alinearon a favor de Aníbal contra Roma, también emprendieron, con bastante frecuencia, incursiones en territorio cartaginés. Tras los éxitos de los romanos en Hispania, Masinisa cambió de bando y unió sus fuerzas a las de Escipión con la esperanza de poder expandir con su ayuda su territorio a expensas de Cartago y de su competidor númida Sifax, lo que proporcionó a los romanos un importante aliado en el interior de la zona de dominio cartaginés.

Por su parte, los cartagineses hicieron todo lo posible por afianzar sus vínculos con Sifax, que también había estado acariciando la idea de aliarse con Escipión. Sus esfuerzos se vieron finalmente coronados por el éxito. Un matrimonio favorable a los intereses cartagineses entre la noble dama Sofonisba, hija de Asdrúbal —uno de los principales jerarcas militares cartagineses—, y Sifax parecía garantizar una estrecha cooperación entre Numidia y Cartago.

¿Qué sabemos realmente de Sofonisba? Aunque los autores antiguos hablan del carisma que emanaba la noble dama cartaginesa, proporcionan poca información concreta acerca de su personalidad. De la obra histórica de Tito Livio solo se puede extraer la siguiente breve declaración:

Era [Sofonisba] notablemente hermosa y estaba en la flor de la edad[1].

Más allá del afecto personal, los lazos matrimoniales entre miembros de las aristocracias de distintos pueblos pesaban tanto como las alianzas políticas. Al igual que en la República cartaginesa, este factor también desempeñó un papel considerable en la República romana a la hora de mantener la posición privilegiada de las élites dirigentes. De la distinguida dama romana Cornelia, hija de Escipión, sabemos que fue cortejada por el rey egipcio, aunque finalmente se casó con Tiberio Sempronio Graco y se convirtió en la matriarca de una de las familias nobles más famosas de Roma. En la situación de crisis de la última década del

---

1. Tito Livio, *Historia Romana* 30, 12, 17. Traducción de José Antonio Villar Vidal (Editorial Gredos).

siglo III a. C., y debido al matrimonio entre la noble cartaginesa y el príncipe númida, el destino de su patria norteafricana estaba en gran parte en manos de Sofonisba.

La misión del ejército romano desplazado al norte de
África al mando de Escipión consistía en derrotar a Aníbal
en su tierra natal. Las legiones romanas no estaban prepa-
radas para acometer el asedio de Cartago, sino que su verdadero potencial residía en presentar batalla en campo
abierto. Escipión contaba con unidades de infantería procedentes de legiones veteranas y sus refuerzos podían movilizar centenares de embarcaciones. Sin embargo, gracias
al cambio de bando de Masinisa, era la superioridad en tropas de caballería lo que iba a resultar decisivo para los romanos, pues era difícil que Cartago fuera capaz de compensar el desequilibrio reinante. El ejército romano tomó
posiciones cerca de Útica, al borde de la costa. Al parecer,
Escipión quería utilizar dicha ciudad, cercada por mar y
tierra, como base militar para orquestar desde allí el ataque
definitivo a Cartago. Pero la situación cambió repentinamente cuando un fuerte contingente cartaginés al mando
de Asdrúbal, padre de Sofonisba, y el ejército del rey númida Sifax se interpusieron en su camino. Ante esta circunstancia, Escipión se vio obligado a renunciar al asedio de
Cartago y decidió invernar con sus tropas en un lugar protegido.

Durante varios meses, Escipión, condenado en gran medida a la inactividad, intentó atraer a Sifax hacia su bando
e inició una serie de negociaciones secretas. Pero este no
veía razón alguna para romper con Cartago. Las conversa-
ciones se prolongaron, aunque las condiciones eran inacep-
tables para Escipión. Como quería conseguir la victoria so-

bre Cartago, no buscaba una solución a medias. Y cuando sus exploradores le informaron de que las posibilidades de realizar un ataque sorpresa eran favorables, Escipión aprovechó la oportunidad y asaltó ambos campamentos enemigos, el de Sifax y el de los cartagineses. Antes de que empezara la primavera, Escipión había conseguido una ventaja militar decisiva y, de golpe, el panorama estratégico se mostraba a favor de los romanos, que estaban en condiciones de retomar la iniciativa de la guerra. Cartago, ante la nueva situación, articuló una respuesta a través de Asdrúbal, el padre de Sofonisba.

En poco tiempo este formó un nuevo ejército cuyo núcleo estaba compuesto por mercenarios celtíberos recién reclutados. Junto con las unidades númidas de Sifax, Asdrúbal presentó batalla al ejército romano en las grandes llanuras al suroeste de Cartago, en el valle medio del Meyerda. Escipión, aunque la infantería enemiga contaba con más efectivos, obtuvo la victoria gracias a la superioridad de su caballería. Por primera vez, los jinetes que formaban el contingente romano fueron capaces de doblegar a la caballería cartaginesa. Sifax huyó y Masinisa se hizo cargo de su persecución. A continuación, Escipión ocupó la ciudad de Túnez para aislar a Cartago del interior de África. Bajo la impresión de la derrota sufrida, el gobierno cartaginés debatió sobre el futuro curso de la guerra y decidió resistir a las impugnaciones del ejército romano, ya que Aníbal estaba en camino hacia el norte de África y, por otra parte, seguían confiando en el incondicional apoyo de Sifax.

A finales del verano de 203 a. C., el ambiente político en Cartago sufrió un vuelco radical cuando Sifax fue hecho prisionero por el bando de Escipión. En medio de la lucha de poder por el gobierno de Numidia que mantenían él y Masinisa, se produjo un trágico giro de los acontecimientos —que recordaba a las leyendas de Dido y Eneas o de Elena y Paris— debido a un triángulo amoroso impregnado de pasión, celos y deseos de venganza. Una vez derrotado definitivamente Sifax ante la ciudad de Cirta, el victorioso Masinisa se apoderó de la residencia del rey cautivo, donde se hallaba su esposa Sofonisba. Para presentar los acontecimientos posteriores de la forma más emocionante posible, el autor romano Tito Livio los narró desde la perspectiva de los vencedores y nos transmitió una versión de los hechos cargada de dramatismo y cuyo núcleo se centraba en el encuentro entre Sofonisba y Masinisa. Según este testimonio, Sofonisba pidió protección contra la venganza de los romanos, ante lo cual Masisina, ávido de amor y totalmente fascinado por la extraordinaria mujer, cumplió su deseo e ideó el siguiente plan:

> Le dio la mano [a Sofonisba] comprometiéndose a cumplir lo que se le pedía [...]. Se puso luego a reflexionar sobre la forma de cumplir su promesa. Como no encontraba otra salida, dejó que su amor le sugiriera un plan irreflexivo e inconveniente: mandó de pronto preparar la boda para aquel mismo día, para no dejarles así ni a Lelio (el legado de Escipión) ni al propio Escipión ninguna decisión que tomar, como si fuese una prisionera, acerca de quien estaría ya casada con Masinisa. Cuando llegó Lelio se había celebrado ya la boda, y no se esforzó en disimular su desaprobación[2].

2. *Ibid.*, 30, 12, 18-22.

Poco después Escipión interrogó al capturado y encadenado Sifax, que había sido el marido de Sofonisba hasta que esta contrajo nupcias con Masinisa, acerca de la razón por la que se había puesto del lado de los cartagineses. Entonces Sifax recalcó la funesta influencia y los poderes seductores de su esposa cartaginesa. Tito Livio también impregnó esta escena de un tinte dramático para culpar a la cartaginesa Sofonisba de la defección de su marido, el derrotado rey númida Sifax. Según Tito Livio, este habría esgrimido la siguiente justificación de su posicionamiento en favor de Cartago:

> Cuando se había vuelto loco, cuando había olvidado por completo los lazos de hospitalidad entre ellos y los acuerdos entre sus pueblos, había sido al dar entrada en su casa a una mujer cartaginesa. Con aquella antorcha nupcial se había incendiado su palacio; aquella furia, aquella plaga, con toda clase de seducciones, le había extraviado y enajenado el sentido y no había parado hasta que ella misma, con sus propias manos, le había ceñido las armas criminales en contra de su huésped y amigo[3].

Tras el matrimonio de Masinisa con Sofonisba, Escipión temía un cambio de bando de su aliado norteafricano más importante, como ya había ocurrido anteriormente en el caso de Sifax, por lo que lanzó a Masinisa un ultimátum instándolo a repudiar a su nueva esposa. Ante la insistencia de Escipión, Masinisa, muy a su pesar, cedió a las exigencias de su poderoso aliado. Sofonisba, obligada a desempeñar el papel de seductora en un mundo dominado por los

3. *Ibíd.,* 30, 13, 11-13.

hombres, atrapada en un callejón sin salida, se encontró de repente en una situación desesperada que, debido a las circunstancias políticas reinantes, no auguraba una solución pacífica. Al fin y al cabo, estaba en juego el éxito del ejército romano en la guerra contra Cartago, aún lejos de su definitivo desenlace. Por tanto, sus posibilidades de supervivencia eran prácticamente nulas: murió envenenada, supuestamente por voluntad propia. Pero ¿qué otra opción tenía? Al igual que Dido, la legendaria fundadora de la ciudad de Cartago, de la que se dice que falleció como consecuencia de una infeliz relación amorosa (véase el capítulo 14), Sofonisba también fue sacrificada en el altar de las ambiciones romanas.

El episodio en torno al destino de Sofonisba, en el que se entremezcla el deseo de privacidad con la cruel y fría rigidez de los intereses del Estado, se desarrolla a través de una trama dramatúrgica concebida al igual que una tragedia griega. Fiel a esta circunstancia, el historiador romano Tito Livio, nuestro principal cronista de los hechos, al confeccionar el epílogo de esta pugna entre intereses contrapuestos, pone en boca de Sofonisba las siguientes palabras cuando el esclavo de Masinisa se acerca ella con una copa llena de veneno:

Acepto este regalo de boda, nada desagradable si mi marido no puede hacer nada más por su esposa. Pero le digo que habría muerto más feliz si mi lecho nupcial no hubiese estado tan cerca de mi tumba». La altivez de estas palabras fue refrendada por la valentía con que, sin la menor señal de temor, bebió la pócima[4].

4. *Ibid.,* 30, 15.

El trágico devenir de Sofonisba como espejo del poder avasallador de la razón de Estado frente al destino de los individuos que lo sufren ha suscitado un vivo interés, palpable a través de una rica y variada recepción en el legado cultural de las épocas posteriores. El tema ha estado presente en la literatura europea desde Boccaccio, Petrarca, Corneille o Voltaire hasta Thomas Geissler en nuestros días.

Mattia Preti, *La muerte de Sofonisba,* 1670.

Igualmente se constata la influencia que ejerció en la música de la era barroca y especialmente en los grandes maestros de la pintura y las artes plásticas de la época. Rembrandt, Pittoni, Tiepolo y muchos artistas más sucumbieron a la fascinación de la legendaria dama cartaginesa y a su manera de afrontar su destino. En esta corriente artística se inscribe el magnífico cuadro de Mattia Preti en el que la imperturbable Sofonisba, plena de aplomo y dignidad, se rinde a lo inevitable.

17. Cayo Popilio Lenas o el núcleo interno del poder

De entre los muchos textos que nos hablan sobre la conducta de los senadores romanos, destaca, en particular, un episodio que ejemplifica de forma paradigmática la exagerada autopercepción y autoestima que la aristocracia romana tenía de sí misma. Se trata de un relato acerca del legado romano Cayo Popilio Lenas, quien, en el año 169 a. C., tras el desenlace de la batalla de Pidna —en la que se decidió el destino de Macedonia—, se dirigió hacia Alejandría para lanzar un ultimátum al rey sirio Antíoco IV exigiéndole la retirada inmediata de sus tropas de Egipto. Antíoco, conocido en el Antiguo Testamento por ser el rey que sofocó la revuelta de los Macabeos en Judea, había intentado extender su dominio hacia el sur, donde chocó con la resistencia de Roma, que se opuso a sus planes de expansión. La versión de Polibio sobre este revelador acontecimiento cuenta lo siguiente:

Antíoco acudió al encuentro de Popilio para tratar sobre la rendición de la fortaleza de Pelusio. El general romano, cuando el rey lo saludó hablándole desde lejos y tendiéndole la mano derecha, tenía dispuesta la tablilla en la que constaba el decreto del Senado; se lo alargó e hizo, así, que Antíoco lo leyera primero. [...] Leído por el rey el documento, dijo que quería consultar con los miembros de su corte acerca de tales demandas. Habiéndole oído Popilio, hizo algo que pareció desconsiderado y de una gran altanería: tenía a mano un sarmiento y trazó en el suelo un círculo alrededor de Antíoco, ordenándole responder acerca del escrito antes de salir del redondel. El rey, estupefacto ante tamaña acción de soberbia, tras meditarlo brevemente dijo que atendería los consejos de los romanos. Entonces Popilio le estrechó la mano y todos los demás lo saludaron amistosamente[1].

La imagen de un importante rey atrapado en un círculo resulta cómica, al igual que la visión de un senador romano, rebosante de energía y armado únicamente con un sarmiento, presionando de forma presuntuosa y muy poco convencional al poderoso monarca sirio, al que secundaba todo su ejército. Este episodio, que oscila entre el drama y la comedia, recuerda a un número de circo en el que un domador, tan solo con su fusta en la mano, es capaz de imponer su voluntad a un enorme elefante que se encuentra dentro de un estrecho círculo. ¿Trataron realmente las élites del Estado romano, durante el apogeo de su poder, a sus adversarios como bestias domesticadas? Todo parece indi-

1. Polibio 29, 27, 1-7. Traducción de Manuel Balasch Recort (Editorial Gredos).

Louis-Jean-François Lagrénée, *Popilio Lenas forzando la respuesta de Antíoco,* 1779.

car que sí. ¿Por qué motivo soportaron entonces estas formas poco elegantes aquellos que se vieron afectados por las imposiciones romanas? ¿Qué tipo de hombres eran estos romanos, que, haciendo gala de una gran confianza en sí mismos, eran capaces de presentarse ante sus opositores con un simple bastón en la mano?

El poder del reducido número de familias senatoriales, entre las que también se encontraba la de Cayo Popilio Lenas, se basaba en la riqueza, las relaciones personales y el constante apoyo mutuo que se proporcionaban las élites dirigentes. Estos distinguidos grupos formaban la columna vertebral de la sociedad romana, y a ellos les correspondía la dirección del Estado. El fundamento de su poderío consistía en la propiedad de la tierra, la tradición familiar y el desarrollo de unas redes sociales y económicas ampliamente ramificadas. La riqueza, la propiedad, el prestigio, la influencia y la lealtad de las familias nobles, adquiridos y consolidados a lo largo de generaciones, eran requisitos decisivos para la carrera política de un noble romano. Además, la pertenencia a una de estas grandes familias prácticamente obligaba a sus miembros a dedicarse a las actividades públicas.

La escena protagonizada por Cayo Popilio Lenas demuestra el apabullante ego de los representantes del poder estatal romano. También evidencia la osadía con la que un aristócrata perteneciente a la clase dominante se atreve a desafiar —sin necesidad de una numerosa escolta militar— a uno de los personajes más relevantes de la época, el rey Antíoco, haciéndole ver los límites de su poder. Así era como se comportaban los senadores romanos: actuaban como si el mundo les perteneciera. El miedo a los inmensos recursos y al potencial amenazador de Roma resultó ser un arma más eficaz que cualquier otra forma de intimidación militar a mayor escala. Personajes como Popilio eran plenamente conscientes del poder que representaban, y sabían que su efectividad dependía del modo en que fueran capaces de utilizarlo cuando la ocasión lo requería.

El alto nivel de autoconfianza de muchos de los miembros del estamento senatorial romano solía sobrepasar los límites de la continencia y la etiqueta. De forma similar actuó Marco Porcio Catón cuando organizó y ordenó, siguiendo su propio criterio, la estructura administrativa de la isla de Chipre acompañado de una comitiva compuesta tan solo por un puñado de hombres. Otros renombrados senadores actuaron de manera parecida, obligando a sus oponentes a ceder ante la intimidación que emanaba su simple presencia, aunque estuvieran equipados con escasos recursos militares. Otro ejemplo especialmente significativo de la megalomanía romana nos lo brinda la misión que Lucio Cornelio Sila llevó a cabo en Capadocia en el año 96 a. C. Su cometido era restituir como gobernante del país al destronado rey Ariobarzanes. Sila, designado por el Senado romano, cumplió su tarea con prontitud y eficacia pese a que solo contaba con un pequeño contingente de tropas. Resulta particularmente revelador observar cómo se desarrollaron los hechos. El legado romano, que por aquel entonces solo había alcanzado el cargo de pretor —y, por tanto, aún estaba lejos de pertenecer al círculo dirigente de la República romana—, se aventuró hasta el río Éufrates, donde se encontró con los enviados del rey parto Mitrídates II. El río constituía la frontera del Imperio romano con el reino de los partos, una gran potencia a la altura de Roma. La escena que se desarrolló a continuación de nuevo atestigua la excesiva confianza con la que un representante del Estado romano, lejos de sus propias fronteras, resolvía temas de política internacional de gran relevancia para el futuro. Sila actuó, probablemente, por iniciativa propia, y no tuvo reparos en tratar de tú a tú a los potentados más poderosos del mundo. Ocupó deliberadamente un sitio junto a ellos como uno más, e incluso hizo colocar su asiento en una posición que le confería superioridad en el momento de iniciar las negociaciones:

Sucedió que, mientras se encontraba a orillas del Éufrates, tuvo un encuentro con el parto Orobazo, embajador del rey Arsaces. Era la primera vez que se producía un contacto entre los dos pueblos y fue un gran éxito para Sila, ya que se convirtió en el primer romano al que los partos pidieron llegar a un acuerdo de alianza y amistad. Se cuenta que Sila ordenó poner tres sillas curules: una para Ariobarzanes, otra para Orobazo y la tercera para sí mismo y que él se sentó en medio de ellos durante las negociaciones. Esa fue la causa de que el rey parto, al poco tiempo, diera muerte a Orobazo. Hubo algunos que elogiaron a Sila por tratar a los bárbaros con tanta arrogancia, otros le echaban en cara su grosería y su excesivo desdén[2].

También hoy en día, en el mundo moderno, con la enorme importancia que ha adquirido la imagen en cualquiera de sus manifestaciones, las cuestiones de etiqueta política desempeñan un papel fundamental, especialmente cuando se trata de escenificar paridad o desigualdad a nivel propagandístico. La lista de situaciones que podrían ser enumeradas a este respecto es muy larga. Pensemos por ejemplo en las disputas sobre la distribución de los asientos en las reuniones de los jefes de Estado aliados en las conferencias de Yalta o Potsdam: Churchill, Roosevelt y Stalin. O en el trato desconsiderado dado a la presidenta de la Comisión Europea, Ursula von der Leyen, por el presidente turco Erdoğan, quien, después de haberla recibido, no le ofreció asiento, dejándola plantada en medio de la sala. Las imágenes extraídas de estos encuentros políticos envían mensajes claros y apelan de forma general a las emociones de la opinión pública.

Si volvemos la vista a Roma, observamos que las actuaciones de los senadores romanos en asuntos de política exterior recuerdan ciertos métodos utilizados en nuestro

---

2. Plutarco, *Sila* 5, 4-5. Traducción de Jorge Cano Cuenca, David Hernández de la Fuente y Amanda Ledesma (Editorial Gredos).

tiempo por algunas grandes potencias que pretenden lograr sus objetivos a través del uso de la fuerza y las modernas tecnologías armamentísticas, pero fracasan una y otra vez, como en los recientes casos de Irak, Afganistán o Ucrania. No podemos obviar que determinadas ciudades que se enemistaron con Roma —como Cartago, Corinto o Numancia— pagaron caro el enfrentamiento con la maquinaria bélica romana, pues quedaron totalmente arrasadas. Sin embargo, las eficaces formas de proceder llevadas a cabo por Cayo Popilio Lenas o Lucio Cornelio Sila terminaron prevaleciendo, pues intentaban conseguir el mayor éxito diplomático utilizando la menor cantidad de recursos posible. Al final, este tipo de actuaciones, producto de una premeditada dosificación de poderío, fueron una de las razones por las que el dominio de Roma se mantuvo estable durante siglos.

Más allá de los éxitos militares, la reputación de varias generaciones de senadores romanos estuvo basada en logros de este tipo. Actuaban como representantes del orden estatal y como garantes de la sostenibilidad de un concepto político inquebrantable. Gracias a su esfuerzo y dedicación, convirtieron a Roma en la gran potencia dominante de su tiempo. Sus nombres, asociados a los países conquistados, han quedado para siempre vinculados al impresionante proceso de construcción de un imperio universal: Escipión (Cartago), Flaminio (Grecia), Emilio Paulo (Macedonia), Mario (Numidia), Pompeyo (Siria) o César (Galia). Estos y muchos otros destacados estadistas provenían de la inagotable cantera del Senado romano, rebosante de talento político, militar y diplomático. Por supuesto, también hubo entre ellos casos de notoria incompetencia, como ponen de manifiesto los hechos ocurridos en Numancia (véase el capítulo 18). En este contexto, hay que mencionar también a aquellos representantes de Roma que explotaron brutalmente las provincias que les habían sido confiadas, como hizo Verres en Sicilia. Veamos a continuación las observaciones de Cicerón al respecto, emitidas en un discurso en el que se resaltaba su reprobable actuación:

> Si algún rey, si algún Estado de pueblos extranjeros, si alguna nación hubiera hecho algo de este tipo contra ciudadanos romanos, ¿no los castigaríamos en nombre del pueblo, no los perseguiríamos con la guerra, podríamos dejar sin venganza ni castigo esta ofensa e ignominia al pueblo romano? ¿Cuántas guerras y de cuánta envergadura creéis que emprendieron nuestros antepasados, porque se decía que unos ciudadanos romanos habían sido objeto de ultraje, porque unos traficantes marítimos habían sido apresados, porque unos mercaderes habían sido expoliados?[3].

El biógrafo griego Plutarco nos ofrece probablemente la instantánea más sugerente sobre los mecanismos de la política exterior romana, reflejada en una legendaria sesión del Senado en la que participó Apio Claudio el Ciego, uno de los primeros estadistas romanos de los que tenemos constancia histórica. La carrera política de Claudio, sus cualidades, sus rasgos y también sus logros fueron notables. Se decía de él que intentó «apoderarse de Italia con la ayuda de sus

---

3. Cicerón, *Verrinas,* segunda sesión, Discurso V, 58, 149. Traducción de José María Requejo Prieto (Editorial Gredos).

clientes». Su prestigio y su autoridad eran enormes. En relación con la guerra contra Pirro, que había invadido Italia con su ejército, se nos transmite un incidente protagonizado por Apio Claudio (censor del año 312 a. C.) que demuestra claramente el poder vinculante de la tradición en la mentalidad de la clase dirigente:

En ese punto, Apio Claudio, hombre ilustre, pero que, a causa de su avanzada edad y de la pérdida de su visión, se había retirado de la práctica de la política, dadas las propuestas hechas por el rey y ante el rumor de que el Senado estaba a punto de votar el cese de las hostilidades, no lo pudo soportar y ordenó a sus sirvientes que lo levantaran en brazos y lo condujeran en una litera a través del foro hasta el Senado. Llegado ante las puertas, sus hijos y sus yernos lo recogieron y se pusieron alrededor de él y le hicieron entrar. El Senado, lleno de reverencia ante tal hombre, guardó un respetuoso silencio. Así, desde el lugar en que se encontraba dijo: «Antes, romanos, soportaba con enojo la desgracia de mi ceguera, pero ahora lamento no ser también sordo además de ciego para no oír los vergonzosos decretos y mociones con que echáis por tierra la gloria de Roma». Una vez que Apio hubo hablado así, un deseo de guerra prendió en todos los hombres, los cuales despidieron a Cineas con la respuesta de que Pirro debía salir de Italia y de que, si así lo deseaba, ya hablarían de amistad y de alianza; pero que mientras permaneciera en armas, los romanos le harían la guerra con todas sus fuerzas, aun cuando fuera capaz de derrotar en combate aun a diez mil Levinos[4].

4. Plutarco, *Pirro* 18-19. Traducción de Juan M. Guzmán Hermida y Óscar Martínez García (Editorial Gredos).

La postura del Senado refleja la actitud inflexible de las élites romanas. Ningún conflicto en el que estuvieran involucrados los intereses de Roma se consideraba finalizado hasta que se hubieran alcanzado todos sus objetivos. Al mismo tiempo, esta memorable sesión del Senado pone de relieve hasta qué punto la tradición, los lazos familiares y el prestigio adquirido a través de la experiencia determinaban las pautas de la política del Estado.

Los episodios de la aparición en el Senado de Apio Claudio el Ciego o de la conducta de Cayo Popilio Lenas o Lucio Cornelio Sila ilustran, además, el fuerte carácter aristocrático de la *res publica,* cuya clase dirigente se mostraba extremadamente receptiva ante la *auctoritas* de sus miembros destacados. En este contexto encaja también una declaración atribuida al embajador griego Cineas de Tesalia, quien, tras negociar con el Senado en nombre del rey Pirro de Epiro, quedó vivamente impresionado por el aplomo de los miembros de la corporación, por lo que denominó al Senado «una asamblea de reyes».

18. Nadie le quiere: Cayo Hostilio Mancino desnudo ante las puertas de Numancia

Cuando nos negamos a aceptar una entrega o rehusamos recibir un paquete, una carta o un correo, ¡el rechazo nos lo provoca siempre un determinado objeto, nunca una persona! Sin embargo, en el caso que ahora nos ocupa se transgrede esa norma, pues, por extraño que parezca, el episodio que describiremos a continuación explica cómo fue rechazada la entrega de un ser humano. El incidente se convirtió en una de las farsas más insólitas de la historia romana. Para comprender el trasfondo de este extraño acontecimiento, es necesario contextualizarlo un poco.

El poblado celtíbero de Numancia, situado en la meseta castellana, en la actual provincia de Soria, se convirtió en lugar legendario en la Antigüedad. Por un lado, encarna el ejemplo de una fatídica guerra asimétrica, y, por otro, es símbolo de la autoafirmación de una remota ciudad periférica frente a los desafíos de una potencia universal. El curso de estos acontecimientos provocará, además, una grave crisis política en la República romana. El nombre de Numancia perdura en el mundo cultural de habla hispana hasta el día de hoy como ejemplo de la disposición incondicional al sacrificio y a la resistencia frente a un oponente muy superior. La expresión «resistencia numantina» describe en el uso hispanohablante la voluntad incondicional de resistir como lema de perseverancia. Por este motivo, no sorprende que la prensa española utilice esta metáfora para describir, por ejemplo, la resistencia de los ucranianos contra la invasión del superior ejército ruso en Mariúpol.

Los motivos de un conflicto que dio lugar a una despiadada campaña de aniquilación hay que buscarlos en la naturaleza del imperialismo romano, que tras la segunda mitad del siglo II a. C. alcanzó una cota extrema de implacabilidad y perfidia. A pesar de sus innumerables esfuerzos, varios comandantes romanos no pudieron imponerse a la indómita ciudad, que incluso llegará a infligirles escandalosas derrotas hiriendo profundamente el sentido del honor imperial. La situación solo cambiará cuando se encomiende al destructor de Cartago, Publio Cornelio Escipión Emiliano, la dirección de las operaciones. El experimentado general disciplinará a las desmoralizadas tropas, aportará considerables refuerzos y sellará herméticamente el lugar. Los defensores, abatidos por el hambre y las privaciones, opondrán una tenaz pero vana resistencia a los poderosos sitiadores. Estos celebrarán su victoria prendiendo fuego a las ruinas de la ciudad vencida para que sirviera de escarmiento a otras comunidades presas de semejante espíritu de independencia. Es precisamente el brutal desenlace de tan desequilibrada confrontación entre una gran potencia y una modesta ciudad, la total ausencia de simetría entre las fuerzas de ambos bandos, la desproporción de recursos, así como la irreductibilidad de unos y la prepotencia de otros, lo que confiere a la situación su peculiar enfoque, pleno de tintes dramáticos.

Al anticipar la caída de Numancia, nos hemos adelantado mucho a los acontecimientos. Volvamos ahora a una escena clave que precedió a la conquista de la ciudad y que es sintomática de un enfrentamiento que se prolongó durante un largo período de tiempo. Tras el fracaso de varios de sus predecesores, el recién elegido cónsul en el año 137 a. C., Cayo Hostilio Mancino, se hizo cargo de las operaciones contra la ciudad rebelde. Su gestión, más humillante para Roma que la ya de por sí deplorable conducta de sus inmediatos antecesores, solo es comparable con el desastre que sufrieron los romanos, siglos atrás, frente a los samnitas en las Horcas Caudinas.

Cuando Mancino se presenta ante Numancia, ni siquiera es capaz de iniciar el sitio de la ciudad, pues, aterrado por los rumores de que otras tribus hispanas vienen a socorrer a los numantinos, deja que se escape de sus manos la iniciativa de las operaciones. A partir de ese momento se limita a atrincherarse y a protegerse contra un aguerrido enemigo mucho menor en número y pertrechos. En una operación de repliegue frente a la ciudad sitiada, durante la noche, los numantinos le hostigan en el estrecho paso de un valle causando al ejército romano numerosas bajas. Durante estos combates, el comandante romano Mancino pierde casi la mitad de sus efectivos. Los supervivientes, cercados por el enemigo, se encuentran al borde de la aniquilación. Por mediación del cuestor Tiberio Sempronio Graco, hijo del gobernador del mismo nombre, que se había labrado fama de rectitud, los numantinos negocian la paz con Mancino. Tras concluir un tratado, se consigue liberar a los legionarios romanos atrapados y salvarlos de una muerte segura.

Cuando las noticias de esta vergonzosa derrota llegan a Roma, la indignación es enorme en la ciudad. El Senado, enfurecido por la actitud del cónsul Mancino, lo releva del mando y se niega rotundamente a aceptar el pacto sellado con los numantinos. Acto seguido, envía a Hispania al colega de Mancino, Marco Emilio Lépido, y le encomienda la dirección de la campaña numantina. La discusión en torno al tratado de Mancino divide a la clase política romana. Los defensores del tratado, como Graco, aducen en su favor la salvación del ejército. Pero otros personajes relevantes de Roma, como Escipión Emiliano –cuñado de Graco–, se manifiestan contrarios al pacto y resaltan las humillantes circunstancias de su conclusión. Mientras en Roma se debate sobre la validez del tratado y se espera el resultado del juicio de Mancino, el nuevo gobernador se abstiene de atacar Numancia. Lépido, tan mal comandante como sus inmediatos predecesores y ansioso por apoderarse de un cuantioso botín, acomete el asedio de la ciudad de Pallantia (cerca de Numancia), por tener esta fama de albergar cuantiosas riquezas, en contra de la explícita voluntad del Senado, que, después de las penalidades pasadas en Numancia, se muestra contrario a cualquier iniciativa que lo involucrara en una nueva aventura bélica. Desbordado por las dificultades de la operación, Lépido se ve obligado a ordenar la retirada de sus legiones de Pallantia. A continuación, los sitiados aprovechan su oportunidad y contratacan a los romanos, a los que dejan en una situación desesperada. Gracias a un oportuno eclipse de luna, las unidades de Lépido son salvadas de ser abatidas por sus perseguidores. Las actividades de Lépido fueron tan dignas de reproche como las de Mancino. El Senado, irritado por su desacertada conducción de la guerra, lo reemplaza por un nuevo comandante antes de que finalice su año de mandato.

Se acerca la puesta en escena del acto más grotesco de toda la guerra. El Senado, que nunca reconoció la validez del pacto de Mancino con los numantinos, hace responsable a este último de todos los desastres de la campaña. Escoltado por una serie de notables senadores, Mancino protagoniza una arcaica ceremonia que se desarrolla ante las murallas de Numancia. Es entregado a sus enemigos como si se tratara de un paquete, desnudo y con las manos atadas, para deshacer el trato que él mismo había cerrado. Los numantinos, contrarios a romper lo que consideran un tratado válido y asombrados por el tétrico espectáculo que se desarrolla ante sus ojos, se niegan a abrirle las puertas de su ciudad. El historiador de origen hispano Orosio describe la escena de la siguiente manera:

A pesar de que también Pompeyo había realizado un poco antes otro tratado igualmente infame con los mismos numantinos, el Senado ordenó anular el pacto y entregar a Mancino a los numantinos; este, con el cuerpo desnudo y las manos atadas a las espaldas, fue expuesto ante las puertas de Numancia, y, permaneciendo allí hasta la noche, abandonado por los suyos y no aceptado por los enemigos, proporcionó un lamentable espectáculo a unos y otros[1].

Plantado ante las puertas de Numancia como si fuera un vulgar fardo de mercancías a la espera de ser recogido, Mancino —el representante de la mayor potencia militar de la época— soportó durante un día entero tan magna humillación, experimentando a la vez el rechazo de sus compatriotas y sus antiguos adversarios. Finalmente se vio obligado a regresar al campamento romano sin haber conseguido su objetivo. La guerra, sin embargo, continuó. El asedio a la ciudad rebelde aún duraría unos cuantos años más. Mientras que el prestigio y la moral de las tropas romanas estaban por los suelos, la ciudad de Numancia, aunque agotada, aún fue capaz de resistirse al sometimiento romano durante un largo período de tiempo.

Al igual que aquella aldea gala que adquirió fama mundial, gracias a las viñetas de Astérix, por su obstinada voluntad de resistir a las legiones de César, la pequeña ciudad de Numancia también resultó ser una espina clavada en el cuerpo de la omnipotente Roma. Pero a diferencia de la aldea gala, donde Astérix y Obélix acabaron resistiendo todos los ataques y llevando a los ejércitos de Roma a la desesperación, a la ciudad celtíbera no le fue concedido tal destino. A la distorsión paródica de los acontecimientos galos en el cómic, que trivializa la campaña de conquista de César —y los miles de muertos y la devastación que la invasión romana de la Galia produjo—, se opone la brutal reali-

1. Orosio 5, 4, 21. Traducción de Eustaquio Sánchez Salor (Editorial Gredos).

dad de Numancia. El implacable Escipión Emiliano conquistará finalmente Numancia con su vasta superioridad militar, como en su día hizo con Cartago, y la convertirá en un desierto de piedra y escombros, tratando así de borrar también el recuerdo de la vergüenza sufrida por un desventurado comandante romano. Y así, de esta manera, termina la grotesca y sangrienta historia de la ciudad que se negó a aceptar la entrega de un individuo abatido que llamaba a sus puertas sumido en la desesperación: el desnudo Cayo Hostilio Mancino.

19. Peripecias romanas: el escándalo de la *Bona Dea*

El estamento aristocrático de la Roma tardorrepublicana se nos presenta como un núcleo de individuos alineados vis a vis, en constante competición política y social. Sus miembros eran capaces de sostenerse la mirada unos a otros sin pestañear, con la frente alta; sabían bien quiénes formaban parte de su selecto círculo y quiénes no. Todos ellos conocían perfectamente los entresijos del manejo del poder. Tanto las reuniones del Senado como los escrutinios electorales y las querellas judiciales venían marcados por alianzas y acuerdos políticos establecidos sobre la base de la lealtad entre los miembros de esta élite, en la que se producían convulsiones, sobornos, distorsiones y confrontaciones de manera habitual. Las reglas del juego político están determinadas por una particular mezcla de eficacia y seriedad, por un lado, y una exagerada teatralidad ante los escándalos y las intrigas propias del estamento senatorial, por otro.

Un rasgo constitutivo de la dinámica social imperante en el seno de la nobleza romana era el entrelazamiento entre los asuntos privados y los supuestos intereses del Estado. Las actitudes y los comportamientos individuales de esta élite estaban siempre ligados a la esfera pública, del mismo modo que todas las acciones llevadas a cabo en nombre del Estado tenían cierto cariz privado.

El escándalo de la *Bona Dea* es un ejemplo paradigmático de este tipo de tensiones entre los miembros de la élite social. Sus protagonistas —César, Aurelia, Pompeya, Clodio, Clodia, Terencia y Cicerón— eran todos miembros del círculo más selecto de la alta sociedad de la última etapa de la República romana. Todo comenzó como una esperpéntica comedia construida a partir de equivocaciones y pasos en falso. Quizás «farsa» sea la palabra más adecuada para referirnos a este escabroso episodio. Empecemos por el final, analizando el resultado de las turbulentas acciones. El 29 de septiembre del año 57 a. C. el antiguo cónsul Marco Tulio Cicerón pronunció frente al pueblo de Roma su famoso discurso «Sobre su casa» *(de domo sua)*. El distinguido orador y estadista expresó entonces su gratitud porque, tras perder su morada —destruida unos años antes por una multitud enfurecida—, recibía ahora de manos del Estado un nuevo hogar como compensación por las penurias sufridas. Pero ¿cómo se había podido llegar a esa situación?

Nos situamos en la Roma de finales de los años sesenta del siglo I a. C. Cayo Julio César acababa de ser elegido *Pontifex Maximus*. En diciembre del año 62 a. C., en la residencia oficial del versado estadista —siempre al tanto de todos los asuntos turbios de la política urbana— se celebraba la festividad anual en honor de la Buena Diosa *(Bona Dea)*. Por supuesto, solo las damas más distinguidas de la alta sociedad habían sido invitadas a participar en la ancestral ceremonia. Aunque la entonces esposa de César, Pompeya, ejercía como anfitriona, era su suegra, Aurelia, quien velaba por la adecuada observancia de las reglas del tradicional evento, en el que se llevaban a cabo una serie de extraños rituales. Una de las particularidades de este acontecimiento era que no se permitía la presencia de hombres en la casa durante la celebración de la rancia festividad.

Publio Clodio Pulcro era el pillo más deslumbrante y atrevido de la noble sociedad romana. Siempre andaba en busca de retos y aventuras descabelladas. Haciendo gala de una impertinencia sin precedentes, se coló en la fiesta disfrazado con ropa de mujer. Podemos suponer que pretendía encontrarse con alguna de las damas presentes en la celebración, tal vez con la propia Pompeya, y es probable que hubiera concertado con ella una cita secreta. Como suele suceder en este tipo de situaciones, la broma finalmente fue descubierta y Aurelia, la «anfitriona», se encargó de que Clodio abandonase la fiesta a toda prisa y con gran alboroto. Con su intromisión, había provocado un terremoto de enormes proporciones en una ciudad que no se caracterizaba precisamente por su falta de escándalos. Aparte de lo embarazoso de la situación en sí, el incidente comportaba una faceta desagradable y peligrosa. La profanación de este ritual femenino era percibida por los ciudadanos de Roma como un sacrilegio y como una grave violación de las reglas sagradas de la religión romana.

Cicerón, al igual que muchos de sus coetáneos, seguramente se rio cuando se enteró del macabro suceso. Pero su hilaridad inicial debió de desvanecerse cuando su esposa Terencia, al volver a casa, exigió a su marido que tomara cartas en el asunto. Clodio, descrito por Bertolt Brecht en su ingenioso texto *Los negocios del señor Julio César* como una «cabeza embadurnada de ungüentos»[1], era considerado uno de los espíritus más diligentes, insolentes e imprevisibles de la ciudad. Por tanto, la posible demanda y el posterior juicio contra el impúdico y sacrílego Clodio tenían visos de convertirse en un asunto político peliagudo, especialmente si este se enfrentaba al desafío sin amilanarse, como era de esperar en un hombre como él. Cicerón, que había mantenido hasta entonces una buena relación con Clodio —y especialmente con su hermana Clodia—, se enfrentaba ahora a un difícil dilema. Aunque quería ser cauto en el asunto para no dañar sus relaciones con el influyente clan de los Claudios, no tuvo más remedio que ceder ante la enérgica insistencia de su esposa Terencia, que exigía la condena del delincuente, esperando tal vez con ello poner fin a una presunta relación sentimental entre su esposo y Clodia. Finalmente, Cicerón accedió ante el empeño de su esposa y puso todo su estimable talento retórico al servicio de la acusación contra Clodio, al que incriminó de manera rotunda. Como veremos a continuación, Cicerón fracasará estrepitosamente al acometer dicha tarea.

Durante meses, gran parte de los asuntos gubernamentales de Roma quedaron prácticamente bloqueados debido al alboroto provocado por el escandaloso acontecimiento. Pese a todas las idas y venidas, Clodio logró salvarse de la pena en el último momento presentando una serie de fal-

---

1. Traducción propia.

sos testigos que lo exoneraron del castigo, fundamentalmente gracias a sus conexiones políticas, a una serie de amplios sobornos y a su potencial de intimidación. En la Roma de entonces, la corrupción y la compra de votos estaban a la orden del día. Séneca, unas generaciones más tarde, se indignó profundamente por la bajeza moral del juicio y se pronunció de la siguiente manera al respecto:

> Fue menor el pecado al cometer el crimen que al absolverlo: el reo de adulterio repartió adulterios y no estuvo seguro de su salvación hasta que hizo semejantes a él a sus jueces. Tales desmanes fueron cometidos en aquel juicio en el que, a falta de otros argumentos, Catón aportó su testimonio. Citaré las mismas palabras: «Reclamad la presencia de los jueces, les hizo promesas, les dio garantías, les entregó dinero. Y, además —¡oh dioses buenos!, regalo indigno—, a algunos jueces se les brindó, como recompensa añadida, pasar la noche con determinadas mujeres y tener a su disposición a nobles mancebos»[2].

A nadie en Roma le sorprendió el resultado del juicio. Cicerón, habitualmente cauto, se había visto muy comprometido debido a su actitud imprudente como representante de la acusación, que lo convirtió además en enemigo acérrimo de Clodio. Desgraciadamente para Cicerón, no podría haber elegido un rival más obstinado y peligroso, ya que Clodio no pensaba dejar pasar por alto el asunto y ansiaba vengarse. Una de las cosas que más llaman la atención en esta turbulenta historia iniciada en la residencia oficial del

2. Séneca, *Cartas* 97, 3. Traducción de Alejandro Cadenas González y Lena Maria Hein (Editorial Gredos).

César es la fría reacción del *Pontifex Maximus* y señor del hogar. Aparentemente poco impresionado por la insolencia de Clodio, no cumplió con el papel de marido ofendido y prefirió no actuar contra él. Sin embargo, a su esposa —presunto objeto de deseo de Clodio— le envió una carta de divorcio acompañada de una nota en la que señalaba que «la esposa del César debe estar por encima de toda sospecha». Recordemos que en la antigua Roma los matrimonios se concertaban principalmente por razones políticas, como si de acuerdos comerciales se tratara. Rara vez los sentimientos y las emociones influían en los enlaces nupciales entre la nobleza romana. Los casamientos servían así principalmente para construir una red de relaciones de influencia, poder, dinero y prestigio, algo así como lo que hoy en día llamaríamos *networking*. Muchas carreras de senadores romanos se asentaban en una política matrimonial bien calculada y beneficiosa. Gracias a este divorcio, César se encontraba de nuevo en condiciones de contraer matrimonio y, por tanto, de buscar una alianza política más prometedora. Y lo hizo casándose con Calpurnia, la hija de un influyente futuro cónsul.

En retrospectiva, los acontecimientos en torno a la fiesta de la *Bona Dea* pueden verse como un símbolo de la creciente decadencia de la política romana en la época republicana tardía. Durante meses, una farsa sin importancia aparente —que, en última instancia, solo afectaba a unas pocas familias nobles— ocupó toda la atención de la clase dirigente. Esta parecía perder de vista su tarea real de gobernar un enorme imperio preocupándose de un modo tan imperioso por esta clase de insignificancias. Parecía que el complejo mecanismo de la política romana se había quedado temporalmente estancado. El narcisismo de la clase dirigente se revela como una careta que pretendía disimular sus fuertes animosidades y la formación de agrupaciones políticas enfrentadas, presagiando una grave erosión del sistema de gobierno republicano, establecido sobre la base del consenso aristocrático.

Sin embargo, el episodio del escándalo de Clodio no terminó con la absolución de este, y el problema continuó cobrando un nuevo dinamismo. Clodio, que había jurado vengarse de Cicerón, era patricio de nacimiento y, como tal, no tenía derecho a ejercer el cargo de tribuno de la plebe. Este codiciado puesto en el engranaje político romano permitía a aquel que lo ocupaba proponer leyes a votación y, con ello, asumir un enorme protagonismo en materia legislativa. Pero para acceder a dicho cargo Clodio necesitaba la colaboración del *Pontifex Maximus,* César. En ese momento, César estaba a punto de partir para gobernar las Galias. No obstante, antes de abandonar Roma permitió que Clodio abjurara de su estamento social de patricio romano y se convirtiera en plebeyo. Con ello Clodio tenía vía libre para ejercer como tribuno de la plebe. Esta era una decisión tomada por César con gran cálculo político, ya que, por una parte, servía para lanzar una seria amenaza a Cicerón y, por otra, se aseguraba los posibles futuros servicios de Clodio. Este acontecimiento resultó particularmente grotesco, ya que el sistema para poder cambiar de estamento social dependía de una adopción, y la figura elegida para actuar como padre adoptivo plebeyo de Clodio resultó ser considerablemente más joven que el adoptado. Además, toda esta trama se desarrolló con el beneplácito pontificio de César y con Pompeyo asistiendo la ceremonia como augur.

El espanto de Cicerón al enterarse de semejante farsa debió de ser enorme, puesto que ahora Clodio podía planear y ejecutar su venganza contra él fácilmente. Nada más ser elegido tribuno de la plebe —elección que resultó predecible teniendo en cuenta su enorme popularidad—, presentó un proyecto de ley a la asamblea popular según el cual debía ser castigado cualquier ciudadano romano que enviara o que hubiera enviado a la muerte a otros ciudadanos romanos sin concederles un juicio previo. Lo que a primera vista podía parecer una declaración de principios un tanto vaga, incluso declamatoria, tenía una intención muy concreta y extremadamente amenazadora para Cicerón.

Unos años atrás, después de que Cicerón, en su calidad de cónsul, descubriese y neutralizase la conspiración de Catilina, los ciudadanos romanos implicados en el presunto golpe de Estado fueron arrestados y ejecutados tras una tumultuosa sesión del Senado. La máxima responsabilidad de esta actuación recayó en Cicerón, ya que, como cónsul, era la cabeza del gobierno en funciones. Ironías de la historia, ya que fue precisamente Cicerón, el jurista modélico y gran estudioso del derecho, quien impuso la pena capital a sus conciudadanos sin ningún proceso legal previo. Debido a su gestión con los acusados en la conjura de Catilina, ahora Cicerón se volvía vulnerable a los ataques de sus enemigos. Los dardos revanchistas de Clodio tomaron esa dirección, pretendiendo hacer diana en el flanco descubierto del gran orador.

Nada más anunciarse la noticia de que Clodio fue elegido tribuno de la plebe y de que pretendía promulgar la mencionada ley, Cicerón se apresuró a hacer las maletas y abandonar rápidamente Roma con gran pesar. Tras su huida, llegaron los años más amargos de la vida del orador en su exilio en Grecia, lejos de su ciudad y apartado de su amado entorno. En una carta fechada el 17 de abril del 58 a. C. y escrita de camino a su exilio en Tarento, Cicerón confesó a su amigo Ático:

> No me cabía duda de que te vería en Tarento o Brundisio y eso afectaba a muchas cosas, entre ellas detenerme en Epiro y recibir tu consejo con relación a los restantes asuntos; puesto que no ocurrió así, habrá que añadir también esto al gran número de mis desgracias. Me dirijo a Asia, concretamente a Cícico. Te encomiendo a los míos. Yo me mantengo con dificultad y fatiga[3].

Clodio llevó su venganza hasta el extremo promoviendo un plebiscito en el que se decidió la demolición de la casa de Cicerón en el Palatino, convirtiendo así la zona en un lugar de culto a la libertad. Cicerón no recibió por parte del Senado un nuevo hogar que reemplazara su anterior residencia hasta que logró volver del exilio y tranquilizar definitivamente los ánimos. Aunque Cicerón pudo fijar de nuevo su residencia en Roma, regresó como un hombre roto, y mientras Clodio estuviera vivo y poseyera influencia política en la ciudad, el peligro que emanaba de su imprevisible personalidad se cernía como una espada de Damocles sobre su cabeza.

---

3. Marco Tulio Cicerón, *Epístolas a Ático* 3, 6 / Cicerón 51 (III, 6). Traducción de Miguel Rodríguez-Pantoja Márquez (Editorial Gredos).

20. El semidesnudo Catón
o el destino de un moralista

Si quisiéramos destacar a un estadista ejemplar en la antigua Roma, ese sería sin duda Marco Porcio Catón el Joven. Catón poseía una personalidad y una autoridad incuestionables que le permitieron sobresalir por encima de sus coetáneos y escapar del clima de intrigas y corrupción que inundaba la vida política de la Roma tardorrepublicana. Encarnó como ningún otro la imagen del ciudadano ideal entregado al bien del Estado. Un contemporáneo suyo, el elocuente —y siempre irónico— Marco Tulio Cicerón, se refería a él en una carta dirigida a Ático de la siguiente manera:

> Ahí tienes a nuestro Catón: no lo aprecias tú más que yo. Y sin embargo, él, con su mejor intención y su mayor buena fe, perjudica algunas veces a la República; pues interviene como si estuviera en la «Republica ideal» de Platón y no en la de fango de Rómulo[1].

1. *Ibid.*, 21, 8.

Catón pertenecía al círculo más selecto de la aristocracia romana. Su primera aparición en la esfera de la política le situó en el centro de la atención pública cuando, con motivo de la denominada «conjuración de Catilina», logró que el Senado cambiase su opinión y que los implicados en el intento de golpe de Estado liderado por Catilina fueran ejecutados (63 a. C.). En esa época Catón aún estaba iniciando su carrera política, por lo que resultó sorprendente que, a pesar de su bisoñez, fuera capaz de ejercer tal influencia sobre el Senado consiguiendo que modificara una decisión que ya había sido adoptada por la mayoría de los componentes de la cámara. Era poco habitual que alguien como él, sin méritos políticos reconocidos en los que basar su autoridad, fuera tomado en consideración por el estamento dirigente, pues tan solo la fuerza de su discurso y la firmeza de sus convicciones hablaban a su favor.

Catón estaba comprometido con los principios de la filosofía estoica y resultaba extremadamente dogmático con respecto a los valores de la tradición romana, que convirtió en su rígido modelo de conducta. Era un moralista que defendía la idea de que cada ciudadano debía prestar un servicio incondicional a los intereses de la cosa pública en detrimento de los respectivos intereses particulares. De esta manera, adquirió una gran reputación. Era considerado la personificación de la rectitud y lealtad a los principios del Estado. Declaró la guerra abierta a la corrupción y al soborno, lo que no era una tarea fácil en un sistema político sacudido por numerosos escándalos financieros, intrigas y corruptelas de toda índole. Por otro lado, también tenía fama de ser terco, obstinado y no siempre diplomático a la hora de llevar a cabo sus proyectos. A veces mostraba tan abiertamente su integridad y su decencia que podía incluso llegar a irritar a sus propios partidarios, circunstancia que ocasionalmente pudo haber contribuido a distorsionar la imagen de su personalidad, que en algunos casos llegó a adoptar rasgos grotescos. Theodor Mommsen, maestro de la historiografía romana y gran admirador de César, lo consideraba el Don Quijote de la política romana, y caracterizaba a Favonio, su seguidor, como Sancho Panza. Si bien esta es una denominación ingeniosa, solo es cierta en parte, ya que, aunque Catón mostrara determinación a la hora de conseguir sus objetivos políticos, también era capaz de actuar siguiendo criterios pragmáticos y realistas cuando la situación lo requería.

Respecto a su orientación política, Catón estaba afiliado al círculo de los senadores considerados *optimates,* que a finales de los años 60 a. C. se destacaron por una oposición frontal primero a Pompeyo y más tarde a César. Los motivos de estos posicionamientos políticos no eran siempre objetivos y limpios de polvo y paja, pues, como el resto de los senadores, también ellos estaban influidos y guiados por sus propios intereses, celos y vanidades. Tal vez la aversión de Catón hacia César se debiera también a un profundo motivo personal, ya que Servilia, hermanastra de Catón, mantenía una relación sentimental con el prometedor político. Esta circunstancia provocó una situación un tanto embarazosa para Catón durante la famosa sesión del Senado en la que se decidió el destino de los partidarios de Catilina. Durante el tenso duelo retórico que mantuvieron Catón y César, este último recibió un mensaje escrito que llegó a acaparar por momentos toda su atención. Convencido Catón de que se trataba de una misiva perniciosa para los intereses del Estado, posiblemente proveniente de alguno de los implicados en la conspiración de Catilina, Catón exigió que el texto fuera revelado inmediatamente. César se negó rotundamente, lo que aumentó aún más la ira de Catón. Se produjo una acalorada batalla verbal en la que al final César tuvo que ceder y le entregó el escrito. Catón, al leer la nota, se sonrojó y quedó en ridículo, ya que se trataba de una invitación a un encuentro, seguramente de carácter amoroso, entre César y la propia Servilia, que había enviado el mensaje. Catón, el gran moralista, se vio entonces gravemente deshonrado debido a su impetuoso comportamiento, y todos los senadores se rieron de él a carcajadas. Catón nunca olvidó ni perdonó a César esta humillación pública.

El *cursus honorum* de Catón no fue particularmente espectacular. Después del ejercicio del cargo de cuestor y de tribuno de la plebe, desempeñó las funciones de pretor. Sin embargo, no llegaría nunca a alcanzar el consulado, la cima del poder, lo que supuso un importante revés para sus ambiciones políticas. Cuando fue derrotado en las elecciones a cónsul del año 52 a. C., Catón, según relata su biógrafo Plutarco, no se dejó impresionar:

Catón sobrellevó lo sucedido con tanta tranquilidad que se ungió el cuerpo de aceite y se fue a jugar a la pelota al Campo de Marte, y después del almuerzo, como era su costumbre, volvió a bajar al foro descalzo y sin túnica a pasear con sus amigos[1].

1. Plutarco, *Catón el Joven* 50. Traducción de Carlos Alcalde Martín y Marta González González (Editorial Gredos).

Aunque según los estándares de la nobleza romana la carrera de Catón no fue especialmente gloriosa, en ningún momento desistió en su empeño por alcanzar sus objetivos. Pese a que se le negaran las más altas magistraturas de la República, el consulado y la censura, su influencia política fue mucho mayor de lo que podían dar a entender los cargos que llegó a ocupar durante su carrera política. Su notable popularidad y su eficacia provenían de su irreductible carácter y su prestigio *(auctoritas)*, pero de ninguna manera de la potestad que se derivaba de las magistraturas que había desempeñado, que era bastante limitada. Su campo de acción preferente no era el ejército, como fue el caso de la mayoría de los potentados de la época (Sertorio, Pompeyo o César), sino el Senado, la asamblea popular y los numerosos conventículos políticos a los cuales tenía acceso merced a su gran popularidad y sus excelentes redes familiares. Pero su papel, en ocasiones dominante en el día a día político de Roma, se lo debía a su intrépido carácter, a su talento dialéctico y controvertido y a su inquebrantable firmeza —que algunos podrían considerar cabezonería—. Catón nunca se dejó intimidar: desconocía el miedo.

Desde la década de los años 50 del siglo I a. C., Catón se distinguió por su actitud intransigente hacia César, la estrella más polémica y brillante del horizonte político de Roma, que se había convertido en blanco de sus repetidos ataques. Se empeñó en desbaratar todos sus proyectos y acciones, como cuando evitó en el año 60 a. C. el esperado triunfo de César, que había regresado victorioso de Hispania y estaba frente a las puertas de Roma. Mediante una inacabable serie de discursos ininterrumpidos pronunciados en el Senado para agotar el plazo de solicitud del que disponía

César, Catón hizo fracasar el deseo de su rival de poder presentar su candidatura al consulado en ausencia.

Sin duda Catón pertenecía a ese grupo de senadores que habían hecho de la proscripción de César su cometido vital, ya que veían en él un peligro para el futuro de la República. Consecuentemente, se puso del lado de la mayoría senatorial cuando se formaron los frentes de la Guerra Civil (49 a. C.). Aunque César contribuyó sustancialmente a la escalada del conflicto gracias a su ambición, la actitud poco conciliadora de sus oponentes, entre ellos Catón, no fue menos responsable del más sangriento episodio de la historia romana. Al igual que la mayoría de los senadores, Catón también se encontraba en el lado de Pompeyo cuando se libró la decisiva batalla de Farsalia (48 a. C.), que decidió la pugna por el liderazgo de la República a favor de César. A continuación, Catón reunió los restos del ejército republicano leales al Senado y los condujo al norte de África para continuar desde allí la guerra contra César; pero sus esfuerzos no fructificaron. En el campo de batalla de Tapso volvió a imponerse César, con lo que quedó abortada cualquier tipo de resistencia. Catón se percató claramente de esta situación y, tras rechazar decididamente la idea de reconciliarse con César para obtener una inmunidad que seguramente se le habría concedido, se suicidó en Útica en el año 46 a. C.

Al igual que todos los aristócratas romanos, Catón también escenificó deliberadamente en público su individualismo para crearse una cierta imagen de su carácter y de sus puntos de vista políticos y éticos. Aparecía ocasionalmente descalzo y sin ropa interior, solamente ataviado con la toga, para enfatizar su actitud contraria a todo lujo. La extrava-

gancia de su indumentaria pretendía hacer visible la seriedad de sus convicciones morales. Esta imagen tan sugerente de un político romano «sin camisa interior» subraya de
forma muy llamativa la actitud que hizo de Catón un personaje legendario.

Catón entrará en la galería de celebridades de la República romana tardía como la encarnación de un ciudadano fiel
a sus principios. Su rechazo al perdón de César y su suicidio voluntario en lugar de acogerse a la clemencia ofrecida
por el bando ganador transformaron el destino de este
hombre fracasado —que no logró ver cumplido ninguno de
sus objetivos de largo alcance— en un icono de la libertad y
en un testimonio contra el despotismo. No luchó por el
poder ni fue este un fin en sí mismo. No obstante, en su
impotencia como hombre derrotado, su personalidad
desplegó un aura casi mítica que inquietó enormemente a
su vencedor, César. Cuando Bruto escribió un panegírico
dedicado a Catón después de su muerte, César respondió
con su *Anticato,* un escrito mediocre e incendiario que era
todo menos una prueba de las considerables facultades intelectuales de su autor. Esta última confrontación desigual,
orquestada después de la muerte de uno de los competido-
res, se saldó indudablemente a favor de Catón, el moralista
que deambulaba por Roma sin su camiseta interior.

21. Tito Pomponio Ático: un adinerado *homme de lettres*

Entre las muchas figuras asombrosas que conformaron la historia de Roma destaca un notable personaje que no fue ni general, ni sacerdote ni hombre de Estado, sino un próspero hombre de negocios. Procedía de una familia de renombre que no concedía demasiada importancia al ejercicio de cargos y dignidades públicas. No obstante, su padre se había asegurado de que recibiera una esmerada formación intelectual que despertó su pasión por la literatura y el arte, y que mantendría durante toda su vida. Debido a su considerable fortuna y a sus excelentes relaciones con las élites políticas, ocupó un lugar destacado en los círculos más influyentes de la sociedad romana. Hablamos de Tito Pomponio, que recibió el sobrenombre de «Ático» por su afinidad con Atenas, la metrópoli intelectual de la época. Este caballero romano, nacido hacia el año 110 a. C., se hizo especialmente conocido por ser uno de los amigos de mayor confianza de Cicerón, con quien mantuvo una amplia correspondencia. Las cartas que se conservan de su extensa relación epistolar lo muestran como un intelectual dotado de grandes conocimientos políticos que ejerció entre bambalinas su poder e influencia en la vida política de la República romana tardía. No le gustaba mostrarse en público, y llevó una vida discreta pese a sus muchos viajes y encuentros por todo el mundo con personas de la más variada extracción social. Se dedicó con especial ahínco a sus actividades profesionales, principalmente a los negocios, la especulación financiera y la banca.

Ático vivió en una época extremadamente turbulenta, caracterizada por agitaciones, revueltas, rupturas constitucionales y situaciones que presagiaban una futura guerra civil, marcada por las ambiciones y las rivalidades de los diferentes actores políticos. Debido a sus lazos familiares, apenas pudo mantenerse al margen de las permanentes disputas que surgían en el seno de la clase senatorial. Sus amplias conexiones y ramificaciones familiares le obligaban a estar en contacto con los diferentes bandos enfrentados. Pero ¿cuáles eran los motivos de esta constante lucha por el poder? Sulpicio, tribuno de la plebe y promotor de la integración de los ciudadanos itálicos en el Estado romano, exigía su distribución equitativa entre todas las circunscripciones electorales. Sin embargo, sus oponentes pretendían inscribirlos dentro de las cuatro tribus urbanas para disminuir así su peso político. Como portavoz de los círculos senatoriales de los *optimates,* Sila, cónsul en el año 88 a. C., rechazó la proposición de Sulpicio. Este, en consecuencia, relevó a Sila de su cargo como comandante supremo de la guerra contra Mitrídates mediante un plebiscito y confió esta tarea al legendario Mario, considerado el mejor talento militar de la época. La reacción de Sila fue tan inesperada como espectacular: dirigiéndose hacia Nola, el lugar de acuartelamiento del ejército romano, consiguió persuadir a las tropas de que marcharan sobre Roma, lo que en la práctica significaba escenificar un golpe de Estado. Mario se vio obligado a huir y Sulpicio fue asesinado poco después. Sila partió entonces a toda prisa hacia el este para enfrentarse a Mitrídates. La posterior elección de Lucio Cornelio Cinna —opositor declarado de Sila— como cónsul para el año siguiente hacía presagiar que la paz no duraría demasiado.

Tras la agitación de la vida política provocada por el asesinato del tribuno de la plebe Sulpicio y sus partidarios, Ático financió la huida de Roma del joven Mario, ahora proscrito, aunque sus simpatías estaban del lado de los *optimates* de Sila. Cuando Cinna se hizo con el gobierno, Ático, un joven que por aquel entonces contaba con unos veinte años, abandonó su ciudad natal llevándose consigo su fortuna. Se dirigió a Atenas, donde fue recibido con los brazos abiertos. Devolvió la cálida acogida que le dispensaron los atenienses haciendo generosas donaciones al presupuesto estatal de la ciudad, que se encontraba en una situación económica muy apurada. Aquí observamos una constante en la vida de Ático: utilizar su fortuna para granjearse la buena voluntad y el reconocimiento de los beneficiarios de sus dádivas, cosechando así a largo plazo las ventajas de su generosidad. En la honorable capital cultural griega gozó de la más alta reputación, como demuestran varias estatuas erigidas en su honor. En Atenas pudo dedicarse sin preocupaciones a sus inclinaciones literarias y filosóficas sin olvidar sus negocios, con los que incrementó su ya considerable fortuna. En Epiro, por ejemplo, sus actividades comerciales le permitieron acumular grandes recursos y riquezas. Cuando Sila, tras su regreso de Asia, pasó por Atenas, llegó a conocer y apreciar a Ático. Ambos se hicieron inseparables, y Sila intentó persuadirle de que volviera a Roma. Ático, no obstante, prefirió permanecer al margen del conflicto bélico que se cernía sobre Roma, manteniendo así su neutralidad. El cronista Cornelio Nepote, amigo de Ático, dejó escrita la siguiente nota sobre el mencionado encuentro:

> «No trates de llevarme, te lo suplico, a enfrentarme a aquellos, pues para no verme obligado a luchar contra ti al lado de ellos me vi precisado a abandonar Italia». Sila, tras haber alabado el sentido del deber del joven, ordenó que todos los regalos que había recibido en Atenas en el momento de su partida fueran llevados a su casa[1].

Tras pasar unos veinte años en Atenas (desde el año 86 hasta el 65 a. C.), exceptuando tan solo algunas breves interrupciones, Ático regresó a Roma como un hombre maduro y formado y estableció en la urbe la nueva sede de sus extensas actividades empresariales. Durante su estancia fuera de Italia Ático mantuvo siempre el contacto con sus amigos y personas de confianza, sin importar su inclinación política, mediante encuentros esporádicos y una dilatada correspondencia epistolar. Su relación más íntima fue con Cicerón, por lo que, incluso viviendo en Atenas, estaba bien informado de los acontecimientos en su patria.

---

1. Cornelio Nepote, *Ático* 4, 2. Traducción de M. Segura Moreno (Editorial Gredos).

Mientras tanto, en Roma, la situación se desarrolló de la siguiente manera: tras la eliminación en el año 62 a. C. de Mitrídates por las legiones de Pompeyo, el mapa político del Mediterráneo oriental cambió de forma radical. Pompeyo creó un sistema de administración provincial más adecuado para las exigencias de la nueva potencia mediterránea, lo que le valió convertirse en el patrón de los países de Oriente dependientes de Roma. En el Senado, las opiniones sobre la política oriental de Pompeyo estaban divididas, y un importante grupo senatorial se oponía a sus reformas. César utilizó estas hostilidades hacia Pompeyo para vincularle con el influyente Craso, forjando una potente alianza capaz de resistir a cualquier impugnación de la oposición senatorial. La gran tragedia de la República romana fue precisamente la incapacidad de gran parte de sus dirigentes políticos para llegar a un entendimiento con los personajes más sobresalientes. Abrumado por la desconfianza hacia cualquiera que amenazara con romper la igualdad aristocrática, el Senado prefirió renunciar a gestionar la crisis antes que arriesgarse a que uno de sus miembros fuera capaz de privarle de sus tradicionales resortes de poder.

Apesadumbrado por el trato recibido por parte del Senado, Pompeyo impuso sus exigencias (59 a. C.) con el apoyo del cónsul César, lo que marcó el inicio de una fase de antagonismo entre aquel y el Senado que se prolongó durante casi una década y que desempeñó un papel decisivo en el posterior colapso de la República. Aunque Pompeyo, César y Craso lograron alcanzar sus objetivos comunes, la cooperación entre las tres figuras no estuvo exenta de problemas. El imperio galo de César, por ejemplo, suscitaría a la larga los recelos de Pompeyo. Por otro lado, para intentar equilibrar la situación y posicionarse al nivel de sus aliados, Craso se adjudicó el mando supremo en Siria a mediados de la década de los cincuenta. Tras su muerte en la batalla de Carras en la guerra contra los partos, la conexión entre Pompeyo y César se enfrió considerablemente y acabó por romperse por completo al poco tiempo, dando origen a la guerra civil más larga de la historia romana (49-44 a. C.).

Durante este período de intrigas, violencia y frentes cambiantes, Ático fue capaz de algo sorprendente: no enemistarse con ninguno de los grupos antagónicos que por aquel entonces dominaban la política romana. Mantuvo siempre buenas relaciones con los dos bandos. César le agradecía a Ático que no hubiera seguido a Pompeyo a Oriente cuando estalló la guerra civil, y el propio Pompeyo no le guardó rencor por este hecho. Se relacionó incluso con otros enemigos declarados de César, como Bruto. Ático logró posicionarse como un elemento tranquilizador en medio de la situación extremadamente tensa que se vivía a su alrededor. Gracias a los medios económicos que le reportaban sus inmensos bienes y las herencias provenientes de sus acaudalados parientes, pudo prestar su ayuda en repetidas ocasiones a varios miembros destacados de la clase dirigente romana cuando estos cayeron en desgracia. Lo hizo independientemente de sus convicciones políticas. Sobre todo, a Cicerón, a quien ayudó a salir de sus constantes apuros económicos.

Debido a su reputación impecable, a su sentido de la justicia y a su más que demostrada neutralidad, Ático gozaba de una alta estima entre todos los bandos. Esta situación le permitió eludir las disputas terribles y peligrosas de su entorno y consolidarse como una autoridad respetada más allá de cualquier posicionamiento partidista. Hizo del apoyo incondicional a sus amigos —al margen de que estos se encontrasen en una situación política ventajosa o no— su seña de identidad. Existen numerosos ejemplos de cómo Ático abría una y otra vez su abultada bolsa, ganándose la gratitud de aquellos que se beneficiaban de su magnificencia. Cuando, tras el asesinato de César, estalló la lucha por el poder entre Antonio y Octavio contra Bruto y Casio —y más tarde entre Antonio y Octavio—, fue capaz de ayudar a las facciones perdedoras (Bruto, Fulvia, Antonio, etc.) con dinero y conexiones. Esa conducta de apoyo a sus amigos no impidió que sufriera algunos importantes reveses personales, como por ejemplo el asesinato de su íntimo amigo Cicerón en el año 43 a. C. a manos de Antonio, Octavio y Lépido. Esa fue, quizás, una de las situaciones que más le afectó en su vida.

Ático, que siempre se había negado a ocupar magistraturas públicas, que había rechazado el cargo de senador y que había permanecido toda su vida en el rango ecuestre (una posición inferior a la de los senadores), finalmente se vio obligado a entrar en el engranaje político de las más altas esferas de gobierno debido al matrimonio de su hija con Agripa, que era la mano derecha de Octavio y, por tanto, uno de los hombres más importantes del Imperio. La relación de Ático con Octavio —futuro emperador Augusto— también fue estrecha, como demuestran su extensa correspondencia y su constante intercambio de opiniones. En retrospectiva, puede decirse que ningún romano antes que él había logrado mantener unas relaciones tan excelentes, y a veces tan intensas, con todos los potentados políticamente relevantes y pertenecientes a bandos opuestos durante la fase final de la República. Ático consiguió hacerlo durante décadas. Gracias a su carisma, a su personalidad, a su inteligencia y a su generosidad, fue capaz de ganárselos a todos.

Aunque puedan existir múltiples diferencias entre Ático y algunos de los magnates de nuestro tiempo en lo referente a su estilo de vida o su integridad personal, parece que el caballero romano supera con creces a la mayoría de ellos en términos de competencia social, educación y buen gusto. Ciertamente, la biografía de Ático nos recuerda el poder del dinero y la doble moral imperante en nuestro mundo contemporáneo. Todos estamos familiarizados con los oligarcas que hoy en día operan por todo el mundo, mantienen buenas relaciones con los gobiernos represivos de sus respectivos países de origen y, a la vez, financian clubes de fútbol, proyectos de prestigio internacional o fundaciones de diversa índole, actividades con las que pretenden mejorar su imagen a nivel internacional. Al mismo tiempo, estos controvertidos individuos son cortejados por los gobiernos de distintos países, que los acogen para aprovecharse de su patrimonio, adquirido, en el mejor de los casos, de forma dudosa. La realidad es que, en todas las épocas, desde la Antigüedad hasta nuestros días, la perspectiva del dinero fácil ha sido un motor capaz de acallar recelos políticos y hacer desaparecer súbitamente líneas rojas morales. El sutil y rico caballero romano Ático, en cambio, parece haber sido uno de los pocos ejemplos contrarios a esta norma.

22. Mesalina y su desmesurado afán de autorrealización

Imaginemos que uno de los estadistas más destacados de nuestro mundo actual, por ejemplo el presidente de Estados Unidos, al regresar a su residencia oficial tras una breve estancia fuera de Washington, se viera sorprendido por la noticia de que la primera dama se había casado, a bombo y platillo, con uno de los miembros de su gabinete. Y que, además, el nuevo marido estaba a punto de tomar las riendas del gobierno de la Casa Blanca, desbancando así al presidente en funciones del centro del poder. Esta idea, que podría ser el argumento de una de esas series de Netflix que hoy en día ofrecen una mezcla entretenida de realidad y ficción a una audiencia de millones de personas, nos parece más cinematográfica que realista. Ante un embrollo semejante, la mayoría de nosotros se mostraría incrédulo, pensaría que una noticia así no podría ser verdad y, como mucho, se reiría de esa información, pero sin creer ni una sola palabra.

Sin embargo, eso es exactamente lo que ocurrió hace unos dos mil años, cuando el entonces hombre más poderoso del Imperio romano, el emperador Claudio, se enfrentó, para su gran sorpresa, a una situación similar. La protagonista de esta alocada historia, la primera dama romana, es decir, la emperatriz Mesalina, aprovechó una breve ausencia de su marido en Roma para casarse apresuradamente con su amante Silio, al que además le hizo albergar esperanzas de convertirse en gobernante. Por improbable que pueda parecer, este increíble y grotesco episodio no es producto de la imaginación de ningún autor antiguo que equivocara su relato, sino que efectivamente es una historia real, y los acontecimientos ocurrieron de esa manera. Su veracidad no alberga ninguna duda, y, pese a ello, ¿cómo pudo producirse una situación tan inverosímil?

El año 38 fue un momento decisivo en la vida de Valeria Mesalina, dama perteneciente a la alta nobleza romana, pues contrajo matrimonio con Claudio, miembro de la familia imperial en aquel momento, tío del emperador Calígula. Pese a que su marido era considerado un hombre extraño —algunos lo veían como un auténtico desquiciado—, Claudio mantenía una conexión directa con la corte imperial debido a sus vínculos familiares, por lo que Mesalina, a través de su esposo, estrechaba lazos con el círculo más selecto e influyente de la sociedad romana. De este modo, la ambiciosa Mesalina, consciente de su nueva posición y de su poder, adquirió gran prestigio y relevancia social en Roma y, al mismo tiempo, se convirtió en un importante foco de atención. Asimismo, fue testigo de que la corte imperial —que aún no se había repuesto tras los años de libertinaje de Calígula— estaba lejos de su equilibrio y funcionamiento habitual tras la muerte del excéntrico emperador unos años después de su boda.

Firmemente aposentada en el centro de la sociedad cortesana imperial, Mesalina era una verdadera hija de su tiempo. La imagen que nos ha llegado de ella está determinada por su falta de mesura, su codicia, su vanidad y los muchos caprichos e impulsos irrefrenables que se le atribuyen. Si las fuentes antiguas nos dicen la verdad, su comportamiento tanto privado como público se caracterizaba por la búsqueda incesante de la satisfacción de sus deseos —por muy extravagantes que estos fueran—, un llamativo tono de despreocupación general y una falta absoluta de escrúpulos. Sin embargo, es prácticamente imposible saber a ciencia cierta hasta qué punto se puede confiar en los respectivos informes de los autores coetáneos, hombres todos ellos. Seguramente les resultaba difícil aceptar el dominio y la arrogancia de una mujer consciente de su poder, por lo que recurrían a las exageraciones y las hipérboles para referirse a ella en sus relatos, prolijos en habladurías y morbo.

Mesalina llevó una vida sentimental disoluta, más aún después de que su despreciado marido, Claudio, llegara a alcanzar de manera totalmente inesperada el trono imperial. Las fiestas de la nueva emperatriz eran legendarias, y a menudo degeneraban en orgías. Mantuvo relaciones sexuales con numerosos hombres de su entorno cercano, lo que significa que todo ocurría a la vista de su marido, el emperador, que o no se daba cuenta de lo que pasaba o bien prefería no enterarse. Como Claudio era extremadamente devoto de Mesalina, es posible que tuviera una dependencia emocional o incluso sexual de su mujer, circunstancia que podría haber desempeñado un papel determinante en su

Mesalina en la pose de matrona romana.

relación. Admiraba su belleza y soportaba su apetito sexual con estoica compostura. A pesar de sus múltiples aventuras, Mesalina había obsequiado al emperador con dos hijos, Octavia y Británico, por lo que, al menos formalmente hablando, cumplía con las expectativas de una matrona romana.

Entre sus innumerables aventuras amorosas destaca en particular la que la tuvo ocupada en el año 48, que acabaría a la postre siendo su perdición y desencadenaría al mismo tiempo una grave crisis gubernamental. Este es el momento de retomar el hilo de los acontecimientos narrados al principio del capítulo. Claudio estaba pasando unos días en Ostia, el puerto de Roma, donde debía cumplimentar una serie de preceptos cultuales. Su esposa aprovechó esta oportunidad para casarse de manera espectacular con el joven y distinguido aristócrata romano Silio, considerado el hombre más atractivo de la ciudad y que, a instancias de Mesalina, había sido designado para ocupar el cargo de cónsul el año siguiente. ¿Fue entonces ella la impulsora de esta esperpéntica trama o fue más bien Silio?

Al analizar un poco más de cerca las circunstancias surgen numerosas preguntas. ¿Qué pretendía Mesalina al casarse con Silio? ¿Se trataba tan solo de una travesura o planeaba realmente convertir a su flamante marido en el nuevo señor de Roma? ¿Fue acaso el ambicioso Silio quien en todo momento tuvo en mente su ascenso al trono imperial a través de Mesalina y aprovechó la oportunidad que le brindaba la boda con la emperatriz? Si verdaderamente Mesalina y Silio pensaban alcanzar la cima del poder imperial, planearon francamente mal su particular y aventurado golpe de Estado, como evidencian las acciones llevadas a cabo por el bando contrario. El aturdido Claudio, que era todo menos un gobernante carismático, reaccionó en un primer momento a la escandalosa situación con perplejidad y resignación, por lo que quizás, con un proceder decidido y bien planificado, Silio y Mesalina habrían podido inclinar la balanza a su favor. Pero lo que ocurrió fue justo lo contrario: Mesalina y Silio se dejaron llevar por una asombrosa pasividad ante los acontecimientos que se desarrollaban a su alrededor. Al final, el dubitativo Claudio fue quien tomó la iniciativa, salvando así su gobierno.

Instigado por su entorno —conformado por una camarilla de libertos con experiencia política como Palas, Polibio o Narciso—, Claudio se dirigió al cuartel de los pretorianos para asegurarse su lealtad mediante sobornos, lo que le permitió conservar así las riendas de un poder en Roma que amenazaba con quebrarse debido a las audaces acciones de su esposa. Al final fueron los libertos del emperador quienes salvaron su trono y se ocuparon de la eliminación inmediata de Mesalina, ya que, durante su cautiverio, Claudio aún albergaba dudas acerca de si debía reconciliarse con su cónyuge a pesar de todo lo que había hecho. Antes de que el emperador, en un arrebato de sentimentalismo, pudiera perdonar la vida de Mesalina, su liberto Narciso tomó la inexorable decisión de hacer ejecutar a la prisionera. Como tantas otras veces durante el reinado de Claudio, fue uno de sus confidentes más cercanos el que tomó cartas en el asunto, resolviendo el problema mientras el emperador se limitaba a asentir y resignarse a lo inevitable.

Pero de nuevo surgen las dudas. ¿Qué era lo que buscaba Mesalina? ¿Sentía acaso un amor tan intenso por Silio que se dejó manipular por él? ¿Subyacía quizás una estrategia política tras las acciones de Mesalina? ¿Pretendía deshacerse así de su viejo marido y, con ayuda de Silio, asegurar su futuro y el porvenir de su hijo Británico? ¿O quería tan solo añadir algo de morbo a su vida, alimentada por sus delirios de poder, mediante un escándalo que desafiara su destino? ¿Era su intención transgredir unos límites considerados infranqueables? ¿Era para ella el anhelo de autorrealización más fuerte que los dictámenes de la política o la razón? Como no podemos encontrar respuestas concluyentes a estas preguntas, para nosotros el extraño episodio de Mesalina sigue envuelto en una nube de insensatez, arrogancia y riesgo difícilmente desentrañable. Resulta, por tanto, prácticamente imposible comprender las fuerzas motrices que indujeron a nuestra protagonista a llevar a cabo las decisiones que había tomado. Y así, esta notable emperatriz romana pasó a la posteridad como la protagonista de una osada farsa que al final iba a costarle la cabeza.

23. Venganza tardía: la «calabacificación» de Claudio

La burla que el filósofo, poeta y maestro de príncipes Lucio Anneo Séneca hace del difunto emperador Claudio es una de las sátiras más maliciosas que jamás se hayan escrito de un gobernante y hayan mancillado tanto su memoria. Simplemente su título, *Apocolocyntosis divi Claudii,* que quiere decir 'transformación en calabaza (o 'calabacificación') del divinizado Claudio', parodia de apoteosis o divinización, ya sugiere el desprecio que el autor mostraba por su protagonista, que queda totalmente denigrado en la obra. En el texto, Claudio, emperador romano, sufre tras su muerte en el año 54 una sorprendente metamorfosis en la que adopta la forma de una calabaza para ser posteriormente conducido al Orco. ¿Merecía realmente este hombre ser recordado de una manera tan miserable?

Verdaderamente Claudio fue un personaje que durante su vida se movió entre lo cómico y lo trágico. Aquejado de una enfermedad desde su infancia, fue despreciado incluso por sus seres más cercanos, como su propia madre, Antonia la Menor, o su abuela Livia. Ambas trataron a Claudio como un personaje débil y enfermizo, y lo tildaban más bien de tonto. Las formas y el comportamiento de Claudio, en cierto modo llamativos, no encajaban con la imagen ideal de la primera familia del Imperio que Augusto y Livia habían construido de cara a la opinión pública. La conducta, el estilo y la apariencia de Claudio eran sin duda extraños, y su torpeza era considerada legendaria. Pese a que muchos de sus parientes imperiales lo tomaron como un completo idiota, la revisión de su biografía nos hace pensar que el juicio que se hizo de Claudio fue exagerado. A pesar de sus rarezas, fue un hombre culto y capaz de cumplir con los deberes derivados de su posición dentro de la casa imperial. También se decía de él que era indeciso, tímido y extremadamente dependiente de su entorno, sobre todo de sus libertos Palas, Polibio y Narciso o de sus esposas, especialmente Mesalina y Agripina. No fue un hombre carente de razón, y hacía gala de un gran sentido del deber con respecto a las tareas que debía asumir como emperador. También atendía con gran dedicación los asuntos de gobierno que formaban parte de sus obligaciones. El hecho de que, en su esfuerzo por estar a la altura de las circunstancias y las expectativas puestas en él, cometiera ocasionalmente algún error protocolario, sufriera algún lapsus repentino o tomara alguna decisión incomprensible se debía a su extraña personalidad.

En general, su reinado no fue menos brillante que el de sus antecesores y la inmensa mayoría de sus sucesores. El cargo del emperador romano exigía a sus representantes

Busto del emperador Claudio.

un elevadísimo grado de habilidades y capacidades. Para gobernar era necesario, por ejemplo, garantizar el aprovisionamiento alimenticio de la ciudad de Roma, mantener una fluida relación con el Senado, satisfacer los deseos y las necesidades de las innumerables provincias, no perder de vista las exigencias del ejército, considerar los pormenores de la política exterior, saber preservar el equilibrio dentro de la heterogénea sociedad del vasto Imperio y un sinfín de deberes más. Todas estas responsabilidades dependían directamente del regente de turno, quien se veía desbordado por el tamaño y la complejidad de las tareas a las que se enfrentaba diariamente. Al líder supremo del Imperio romano se le exigía que supiera imponerse como un diplomático capaz, que llevara al ejército a la victoria, que fuera un juez justo y que lograra dirigir hábilmente a todas aquellas personas que representaban al Estado romano tanto dentro como fuera de las fronteras. Solo unos pocos titulares del trono imperial romano, como Augusto, Trajano, Marco Aurelio, y tal vez Diocleciano, fueron capaces de superar en cierta medida estos formidables y múltiples desafíos. La mayoría de los emperadores, como Claudio, fracasaron en su empeño debido al elevado listón político con el que se juzgaba su mandato.

En este sentido, las críticas al modo de gobernar son admisibles y tienen justificación, sobre todo si van dirigidas al modo de proceder del jefe del Estado. Pero cuando se centran en el carácter o la apariencia de una determinada persona en vez de los derroteros que toma su actuación política, las críticas se convierten en una *chronique scandaleuse*. La farsa redactada por Séneca se inscribe en este último grupo, culminando con la *apocolocyntosis* del emperador fallecido. Los argumentos esgrimidos en el texto que aquí nos ocupa se desarrollan de la siguiente manera: mientras que se explotan satíricamente y sin piedad las conocidas debilidades del difunto regente, no se salva de la quema ni un solo aspecto positivo de su gobierno, que sin duda se podría aducir. En su lugar, se enumeran una serie de transgresiones personales y políticas que ridiculizan a Claudio como individuo y, por supuesto, como todopoderoso emperador. Al mismo tiempo, se ensalza a su sucesor Nerón, recientemente ascendido al trono, cuyo prometedor nuevo comienzo político sirve además para devaluar al anterior gobierno, lo que contribuye a aumentar el descrédito del reinado de Claudio. Por último, tiene lugar un debate sobre la deificación de Claudio que adopta la forma de un proceso judicial en el que participan algunas figuras destacadas del pasado glorioso, como Augusto y Livia, quienes finalmente imponen la pena máxima al pobre desgraciado. Claudio no solo no se convierte en un dios, como su predecesor Augusto, sino que se transforma mágicamente en una calabaza. Al final, es relegado al inframundo, donde se dedica —igual que hizo durante su vida— a jugar a los dados hasta la eternidad, vegetando de manera miserable. El hecho de que Claudio, contrariamente a la maliciosa versión de Séneca, sí recibiera el alto honor de la deificación tras su muerte desenmascara el carácter polémico del escrito.

El panfleto, que seguramente circuló entre los miembros del reducido círculo de cortesanos y miembros de la élite social romana, nos aporta también mucha información acerca de su autor. Séneca había sido desterrado a Córcega por Claudio, y solo pudo regresar a la corte imperial tras el matrimonio del soberano con Agripina para hacerse cargo

Busto de Séneca.

de la educación del joven pretendiente al trono, Nerón. Por este motivo, Séneca estaba lleno de amargura y resentimiento hacia Claudio. Su actitud sumisa hacia el emperador —que mantuvo mientras este estuvo vivo— cambió de súbito tras la muerte de este. Fue entonces cuando Séneca utilizo su arma más mortífera, su afilada pluma, para dar rienda suelta a su deseo de venganza, reprimido durante tanto tiempo. Séneca, autor de valiosos tratados morales e ingeniosas obras de teatro, despotricaba del difunto emperador ahora que no corría ningún peligro. Su comportamiento hipócrita es reflejo de la terrible doble moral de las élites cortesanas de la época. La adulación, el disimulo y la actitud miserablemente servil hacia el regente de turno eran la manera habitual de relacionarse con el emperador. Sin embargo, la actitud de los antiguos romanos no debe indignarnos demasiado, pues hoy en día también nosotros nos comportamos así en muchos momentos. Existen actualmente en nuestra sociedad cientos de ejemplos de hipocresía y adulación que bien podrían figurar en este relato.

Mientras que públicamente se honraba y alababa al a veces torpe y grotesco Claudio —que, pese a su cojera, mostraba siempre un atuendo exquisito—, en privado la gente se reía de sus extraños andares, se burlaba de él y hacían bromas para divertirse. Esta actitud revela en realidad una gran impotencia y una constante antropológica fundamental: la necesidad de criticar de cualquier manera a los líderes, pero siempre dentro de un espacio protegido. El rechazo abierto a los gobernantes o incluso la crítica directa hacia su comportamiento tiránico son la excepción. En este sentido, Séneca resultó ser el prototipo de miembro destacado de una sociedad cortesana inquieta por las amenazas latentes que giran siempre en torno al precario equilibrio entre obediencia y libertad, poder e impotencia, mentira y verdad, arrogancia y audacia, presunción y contradicción.

En resumen, la lectura del libelo sobre la «calabacificación» *(apocolocyntosis)* del emperador Claudio provoca en el lector una sensación ambivalente, de la que al final queda un regusto amargo. La mayor parte del texto se escenifica como un acto de venganza de un cortesano que solo se atreve a salir de su escondite cuando el peligro ha pasado. Séneca, el educador de príncipes que escribió una serie de brillantes tratados sobre la virtud y el dominio de los afectos, entabla a través del panfleto que aquí nos ocupa una obsoleta batalla campal contra un difunto que ya no puede aducir nada en su defensa. Asistimos en este caso a una flagrante violación de cualquier concepto de equidad, especialmente llamativa porque procede de la pluma de un moralista profesional. En este sentido, el escrito sobre los sinsabores de Claudio es cualquier cosa menos una nota gloriosa para este célebre autor, líder de la opinión intelectual de la corte imperial.

24. Un nuevo rico invita a la mesa: el banquete de Trimalción

La «calabacificación» de Claudio fruto de la pluma de Séneca que acabamos de ver es fácilmente reconocible por su evidente trasfondo burlón y su exagerado colofón, en el que el difunto emperador se transforma en calabaza. Estos son los elementos principales de un texto que, como ya hemos comentado, no está exento de polémica.

El *Satiricón* de Petronio, por otro lado, está escrito en un lenguaje directo e incluso vulgar en algunas ocasiones. Tanto Petronio como Séneca formaban parte de la élite cultural de la corte de Nerón, caracterizada por una extraña mezcla de extravagancia histérica y delicadeza, frivolidad y violencia, deleite por la belleza artística y mojigatería. Y es importante recordar que el propio Nerón desempeñaba un papel clave dentro de ese círculo de vanidades, devociones sumisas y excentricidades. Se veía a sí mismo como un creador y un artista, y en sus numerosas apariciones públicas esperaba el elogio y el reconocimiento de todos los que asistían a sus actuaciones. Esta circunstancia generó un ambiente de hipocresía y falsedad que impregnó todo su entorno. Se dice que Vespasiano —que sería emperador años más tarde— se quedó dormido durante uno de los recitales de Nerón, lo que le valió caer en desgracia y ver su carrera seriamente afectada.

Fue en este contexto en el que Petronio escribió sus episodios satíricos, una obra moral en tono burlesco en la que posiblemente criticara la atmósfera de la corte imperial y de la sociedad de su época. Para su obra eligió como escenario un mundo de apariencias en donde destacan la fragilidad de las relaciones humanas y el lenguaje de los bajos fondos. Se trata de una acumulación abigarrada de escenas, a veces disparatadas, que nos muestran el día a día de sus personajes y que nos llevan hasta los rincones más profundos de la existencia humana y sus abismos. La codicia, la gula, la envidia, la sed de aventuras, el deseo sexual desenfrenado, el gusto por la polémica, el crimen, la ostentación, la exuberancia, la exageración y la búsqueda del placer desfilan sin solución de continuidad por este tratado, a veces esperpéntico y a veces fiel a la realidad, que recuerda en algunos aspectos a las novelas picarescas de la literatura europea del siglo XVII. Dentro de esta mezcolanza de pasiones humanas, el episodio del banquete de Trimalción es un componente central del mundo imaginario de Petronio. En el episodio, el autor nos presenta al estrafalario Trimalción, un antiguo esclavo que consiguió su libertad y fue capaz de acumular una considerable riqueza. En el centro de la trama se sitúa el típico personaje que tras medrar en la sociedad no para de hacer ostentación de su posición económica y sus enormes ansias de grandeza. Como en todas las épocas, los nuevos ricos intentan impresionar con sus posesiones y extravagancias sin percatarse de que en muchos casos se convierten en el hazmerreír de sus conciudadanos. Sobre las fabulosas posesiones de Trimalción, el texto dice lo siguiente:

Ese Trimalción tiene tantas tierras que los milanos no pueden abarcarlas con su vuelo, montañas de dinero. En la garita de su portero hay más plata que la que tenemos cualquiera de nosotros en todo nuestro patrimonio. En cuanto a los esclavos —ay, ay, ay— creo, por Hércules, que ni siquiera uno de cada diez conoce a su amo. [...] Todo lo produce en su casa: lana, limones, pimienta. Si buscas leche de gallina, allí la encontrarás. En dos palabras, no tenía una buena producción de lana; entonces, compró carneros de Tarento y los cruzó con su rebaño. Para producir en su casa miel del Ática, hizo traer abejas de Atenas. [...] Ha escrito pidiendo que le envíen de la India semillas de champiñones. [...] ¿Ves esa cantidad de cojines? No hay ninguno que no esté relleno de púrpura o escarlata. Tan plena es su felicidad[1].

Uno de los cambios más notables en la estructura económica y social del tablero político de la época imperial romana fue la creciente importancia de los antiguos esclavos, los llamados «libertos». A algunos de ellos los encontramos en puestos clave en la esfera de los negocios, la artesanía, el comercio y la administración imperial, donde su diligencia y habilidad les situaron en un lugar destacado dentro de la

---

1. Petronio, *Satiricón* 37, 8-38, 5. Traducción de José Carlos Miralles Maldonado (Alianza Editorial).

pirámide social. Su presencia era notable en los estratos más altos de la sociedad e incluso en la corte imperial. Fue durante el reinado de Claudio cuando esta evolución alcanzó su punto álgido. Entre los consejeros más influyentes del emperador se hallaban una serie de libertos que ocupaban posiciones comparables a las de los actuales ministros en el organigrama gubernamental. Además, el grupo social de los libertos constituía una parte especialmente dinámica del mundo laboral romano. Sin embargo, la inmensa acumulación de bienes que muchos de ellos llegaron a conseguir les hacía cada vez más impopulares, y eran a menudo objeto de envidias y críticas mordaces. La figura literaria de Trimalción es un claro ejemplo de esta clase social. Gracias a sus bienes materiales, terminó por creer que formaba parte de la buena sociedad de su época.

El episodio de Trimalción en el *Satiricón* de Petronio se centra en el personaje de Encolpio y sus amigos Ascilto y Gitón. Los tres son llevados por Agamenón a un banquete organizado por Trimalción. La intención del boyante liberto es ganarse la admiración y el respeto de sus invitados a base de bebidas y platos exquisitos, exóticos y absurdamente caros presentados junto a preciosas copas y una vajilla de oro. Los innumerables platos del elaborado menú son descritos en detalle:

Tras ellos llegó una bandeja, en la que habían colocado un jabalí de enormes dimensiones [...] De sus colmillos colgaban dos cestitas trenzadas con hojas de palma: una repleta de dátiles frescos, la otra de dátiles secos. Alrededor varios cochinillos hechos de pasta dulce, como si estuvieran colgados de sus ubres, daban a entender que se trataba de una cerda. [...] Un gigantón con barba [...] con gran violencia abrió de un tajo el costado del jabalí, de cuya herida salió volando una bandada de tordos. Unos cazadores de aves, armados con cañas, habían sido dispuestos para la ocasión y en un instante los capturaron mientras revoloteaban en torno al triclinio. Luego, después de ordenar que se diera a cada uno el suyo, Trimalción añadió: «¡Observad también qué sabrosas bellotas ha estado comiendo este cerdo salvaje!»[2].

Trimalción, haciendo una y otra vez alarde de su riqueza, pretende ser siempre el centro de atención. Durante el banquete tienen también lugar actuaciones de dudosa calidad para entretener a los asistentes. El lector culto se ruboriza de vergüenza cuando el anfitrión pretende ser ingenioso con sus comentarios. Aunque intenta conducirse como un hombre refinado, en realidad demuestra justo lo contrario, pues sus intervenciones revelan su escasa cultura y resultan embarazosas y fuera de lugar. Es en esos momentos cuando Trimalción se desenmascara como un vulgar personaje que efectivamente proviene de un bajo estrato social. De especial mal gusto es la parte final de su discurso, cuando Trimalción escenifica su propio funeral. La escena entera, pomposa y excesiva, gira en torno a la invitación a la cena —el centro de la trama— y es prolija en todo tipo de elementos estrambóticos, exagerados, poco elegantes y de un notorio mal gusto. El colofón a la opulenta cena es el postre, que llega a la mesa para desgracia de los invitados, que están ahítos tras la inmensa cantidad de viandas ingeridas a lo largo del festín:

2. *Ibid.*, 40, 3-7.

Y no hubiera habido fin para tantas desgracias, si no hubieran traído el postre: unos tordos de pasta de harina rellenos de uvas pasas y nueces. A continuación sirvieron también unos membrillos con un sinfín de espinas alrededor de ellos. [...] Después de que colocaron sobre la mesa, según creíamos, una oca cebada con una guarnición de pescado y aves de todo tipo, Trimalción dijo: «Amigos, todo lo que veis aquí colocado ha sido fabricado con una sola materia prima»[3].

Si no lo ha hecho ya, el lector desprevenido pierde literalmente el apetito tras leer las últimas escenas culinarias del banquete de Trimalción. Ni siquiera la espectacular versión cinematográfica del *Satiricón* realizada por el ingenioso Federico Fellini es capaz de salvar la situación.

Cabe preguntarse cuál era la verdadera intención de Petronio con este escrito. ¿Pretendía tan solo entretener a sus lectores creando una obra excéntrica basada en un lenguaje excesivo y un tema poco convencional? ¿O más bien quería poner a sus oyentes y lectores frente a un espejo para que reflexionasen sobre su comportamiento? ¿Era solo sarcasmo? Quizás su intención no fuera ninguna de las que se han sugerido, y la pomposidad y vulgaridad expuestas en los diversos episodios satíricos solo constituían el reverso complementario de la moneda, la otra cara de la sociedad del siglo I d. C. Una sociedad refinada, extravagante y esnob en la superficie, pero profundamente insegura, violenta y desorientada ética y moralmente.

---

3. *Ibid.,* 69, 6-9.

25. Nerón, el divino joven y la Biblia

Tras los plomizos años de los reinados del huraño y malhumorado Tiberio, el excéntrico y disoluto Calígula y el aburrido y anodino Claudio, el ascenso al trono de Nerón (54-68) a sus diecisiete años parecía dar un nuevo aire al Imperio. Para los romanos, su llegada al poder fue interpretada como un golpe de suerte o un regalo de los dioses, el signo que cambiaría el destino del Imperio. Sin embargo, su actuación como gobernante estuvo lejos de cumplir las grandes expectativas puestas sobre él. Nerón pasó demasiado tiempo dedicado a las artes liberales y a satisfacer sus propios placeres, y descuidó la imagen de político enérgico y guerrero valeroso que anhelaban los romanos para su gobernante. Por ello, tras su desaparición del mapa político, sus sucesores Vespasiano, Tito o Trajano intentarían acercarse a esa imagen de emperador audaz, enérgico y belicista que la ciudadanía demandaba para Roma. Así pues, el gobierno de Nerón, que había comenzado de forma tan prometedora, debido a diversos enredos y malentendidos terminará revelándose como una absoluta catástrofe.

Pese a que visto en retrospectiva su gobierno tuvo no pocos puntos dignos de elogio, sin embargo, su afición al lujo y al despilfarro, su volatilidad y arbitrariedad, su aversión a las aventuras militares y su preferencia por la arquitectura, la música, las carreras de caballos y el teatro alejaron al dotado regente de la élite romana, que ante todo reclamaba eficacia gubernamental y gloria en el campo de batalla. Varios factores han contribuido a forjar la imagen distorsionada que nos ha llegado de él, como el hecho de que el Senado nunca perdonara sus sangrientas intervenciones contra sus miembros. Además, los cristianos difamaron posteriormente su figura y su gobierno al acusarlo, contra toda evidencia histórica, de pirómano e implacable opresor. No fue ni lo uno ni lo otro, aunque sí tuvo otras muchas deficiencias en su carácter, y sus cualidades como gobernante fueron cuestionables. Aunque su figura fuera vilipendiada tras su destitución y posterior muerte, Nerón continuó siendo extremadamente popular entre amplios sectores de la población, como puede leerse en la novela *El falso Nerón,* de Lion Feuchtwanger, una obra que, a pesar de su enfoque ficticio-literario, merece sin duda ser tenida en cuenta. Como veremos a continuación, Nerón siguió siendo recordado durante un largo período de tiempo por muchos de sus coetáneos y por las generaciones posteriores, que lo consideraron un trágico joven divino.

Uno de los logros más espectaculares de su gobierno fue asumir el control de la soberanía sobre Armenia, territorio que siempre había sido motivo de conflicto entre el Imperio romano y el reino de los partos. Sin duda alguna el éxi-

El joven Nerón.

to obtenido en el contexto de la política imperial en Oriente fue indiscutible. Tras algunos contratiempos, el Imperio
logró establecerse —al menos temporalmente— como la potencia hegemónica en esta disputada región, cuya importancia estratégica era decisiva. Un signo de este nuevo
triunfo de la política exterior romana fue el viaje que el pretendiente al trono armenio realizó a Roma, donde Nerón le
entregó la corona de su país. De este modo se reconocía la
supremacía del Imperio sobre el derecho heredado al trono del nuevo rey. El episodio debió de causar una tremen-
da impresión a los coetáneos, ya que no era para nada fre-
cuente que un poderoso potentado oriental tuviera que
acudir expresamente a la corte de Nerón para que allí se
confirmaran sus pretensiones sobre la soberanía de su pro-

pio país. En su biografía sobre Nerón, Suetonio nos cuenta cómo fue la magnífica recepción de Tiridates en Roma, refiriendo los detalles de aquella puesta en escena diseñada por el mismo emperador. Una escenografía perfecta que nos muestra las ideas neronianas acerca de cómo debía actuar y presentarse ante la opinión pública una gran potencia como era sin duda el Estado romano:

No sin razón se podría incluir entre los espectáculos que ofreció la entrada de Tiridates en Roma. A este, rey de Armenia, a quien se había atraído con grandes promesas, como se dio la circunstancia de que, al ir a mostrarlo al pueblo en el día fijado por el edicto, hubo de dejarlo para otra ocasión debido a un nublado, lo presentó en cuanto se dio una situación más favorable, desplegando unas cohortes armadas alrededor de los templos del Foro, sentado él en la silla curul junto a la Tribuna de los Espolones, con las galas de triunfador entre insignias militares y estandartes. Lo recibió al principio, cuando este se postró de hinojos tras haber ascendido por un podio inclinado, y levantándolo con su mano derecha lo besó; luego, después de escuchar sus súplicas, quitándole la tiara le impuso la diadema, mientras un antiguo pretor transmitía a la multitud la traducción de las palabras del suplicante; conduciéndolo a continuación al teatro, y después de que Tiridates volviera a dirigirle sus súplicas, lo situó junto a sí a su lado derecho. Aclamado por esto como «emperador», después de que los laureles fueran trasladados al Capitolio, cerró el templo de Jano Gémino, indicando que ya no quedaba guerra alguna[1].

1. Suetonio, *Nerón* 13. Traducción de David Castro de Castro (Alianza Editorial).

La marcada propensión a la teatralidad de Nerón, mayor sin duda que la de cualquier otro emperador, será posteriormente objeto de una memorable caricatura escenificada magistralmente por el inimitable Peter Ustinov en la película *Quo Vadis*. Especialmente llamativa es la escena en la que Nerón hace que le entreguen un jarrón finamente confeccionado para guardar sus lágrimas. Volviendo a la realidad, es cierto que el emperador siempre estuvo preocupado por su imagen, y no desaprovechó la estancia de Tiridates en Roma para celebrar en público el evento de manera exuberante y mostrarse ante el pueblo de Roma como el soberano más poderoso de su época. La exageración de su espectáculo, cargado de simbolismo político, llegó incluso a alcanzar una esfera sobrehumana: Nerón, como un joven dios, daba su bendición a un gobernante venido de un país lejano, subrayando así su omnipotencia. En el fondo, todo tenía bastante de puesta en escena. Las condiciones de la política real no eran en absoluto tan sólidas como Nerón pretendía mostrarle al atónito público con un espectáculo tan cuidadosamente planeado del ilimitado dominio romano sobre el mundo. Se trataba de una representación propagandística de la majestuosidad y la grandeza de Roma, en cuyo centro se encontraba el emperador. Por otro lado, con esta muestra de magnificencia, se pretendía difundir una imagen del poder y los acontecimientos que perdurara en la memoria colectiva.

El largo viaje realizado por el rey oriental, que cruzó medio mundo para llegar hasta la corte de Nerón, debió de impresionar igualmente a muchos de sus coetáneos. El magnífico séquito de Tiridates, su extensa escolta de magos y acompañantes, así como el hecho de que un rey oriental se desplazara hasta Occidente para rendir homenaje al joven Nerón, que como un dios tenía su destino en sus manos, no pasaron inadvertidos. Pronto surgieron mitos e historias en torno a este insólito espectáculo. Carl Schneider, el gran conocedor de la cultura helenística y paleocristiana, relacionó de manera muy acertada la marcha del rey oriental a Occidente con el viaje de los Reyes Magos de Oriente a Belén para adorar al Niño Jesús, tal como lo relatan los Evangelios. Schneider escribe lo siguiente:

> Albrecht Dieterich reconoció el relato de la visita de los magos como una de las muchas transmisiones procedentes del ámbito imperial romano, a saber, como un recuerdo fresco de la visita de Tiridates, que acudió a Nerón en su función de «mago», y llevó consigo otros magos[2].

¿Constituyen por tanto el joven emperador dios Nerón y su encuentro con Tiridates el modelo histórico para el relato evangélico? Existen muchos indicios que nos hacen pensar que efectivamente fue así.

Durante su vida, Nerón se sintió más artista que emperador. Lo que más valoró de su cargo como gobernante del Imperio fueron los inagotables recursos de los que dispuso para hacer realidad sus extravagantes y costosos sueños. Siempre se mostró muy receptivo a los elogios que le prodigaban en virtud de su rango, y al tenerse en tan alta estima, era poco tolerante con las críticas. Por esta razón, estas nunca fueron expresadas públicamente. Nerón consideró

2. C. Schneider, *Geistesgeschichte der christlichen Antike,* p. 29, Múnich, 1978. Traducción propia.

su prolongado viaje a Grecia —el antiguo epicentro de la cultura— el punto culminante de su actividad gubernamental. Allí se presentó a todos los certámenes literarios y musicales, en los que siempre obtuvo —¿a quién podría sorprender?— la corona de vencedor. Escenificó su regreso a Roma como una gran procesión triunfal en la que se celebraron públicamente los premios obtenidos por el emperador en vez de mostrar el botín y las armas ganadas en la batalla.

Su evidente falta de interés por los asuntos militares dentro y fuera de sus vastos dominios fue finalmente su perdición. Una revuelta que estalló en las provincias occidentales, iniciada por los comandantes de los ejércitos allí acuartelados, se extendió inexorablemente hacia Italia. Preso del pánico y la desesperación debido a la pérdida de su poder y su sede en Roma, Nerón se quitó la vida cuando apenas había cumplido los treinta años de edad (68).

26. Agripina: maestra de la intriga, regente y nadadora excepcional

Indudablemente, Agripina la Menor fue la mujer más extraordinaria de la nobleza romana más rancia en la época inmediatamente posterior a Augusto. Agripina era bisnieta del fundador del Imperio, hija de Germánico y hermana, esposa y madre de tres emperadores consecutivos. No existía en Roma una persona más distinguida que ella. Tampoco nunca antes una mujer había estado tan cercana a las altas esferas del gobierno y a los círculos más próximos al poder. Ni siquiera Livia, la legendaria esposa de Augusto, podía compararse con ella. La madre de Agripina —del mismo nombre— también tuvo una enorme influencia en la sociedad de su tiempo, dedicándose con empeño a los asuntos políticos. Se trataba de una mujer extremadamente valiente y segura de sí misma. Ella y su marido —un comandante capaz y eficiente— hicieron frente a numerosos problemas comandando las legiones apostadas en el Rin. Tal y como nos cuenta el historiador Tácito en el siguiente episodio sobre su estancia en Germania, su carácter y su manera de actuar ante las adversidades no tenían nada que envidiar a los de su marido:

> Se había extendido entretanto el rumor de que el ejército estaba copado y que una columna de germanos avanzaba hacia las Galias en son de guerra; y si Agripina no hubiera prohibido cortar el puente sobre el Rin, habría habido quienes por miedo se hubieran atrevido a una acción tan vergonzosa. Pero aquella mujer de gran fortaleza de ánimo asumió por aquellos días las funciones de un jefe y repartió vestidos y medicinas entre los soldados que eran indigentes o estaban heridos[1].

Agripina, nacida en Colonia hacia el año 15 —cuando su padre Germánico era aún comandante del ejército del Rin—, igualaba a su madre en espíritu, valentía y conciencia de su propio poder. Durante su agitada vida, el esplendor y la miseria alternarían constantemente. Cuando tenía alrededor de trece años, fue casada con Cneo Domicio Enobarbo, un personaje perteneciente a la élite senatorial. En el año 37 dio a luz a su primer hijo, Lucio Domicio Enobarbo, quien años más tarde se convertiría en el emperador Nerón, y que siempre ocuparía un lugar fundamental en la vida de su madre.

En ese tiempo, Calígula, hermano de Agripina, sucedió al fallecido emperador Tiberio. Sin embargo, la armonía entre los hermanos no duraría demasiado. La relación se

---

1. Tácito, *Anales* 1, 69. Traducción de Crescente López de Juan (Alianza Editorial).

rompió dos años más tarde, cuando Agripina y su amante Emilio Lépido —marido de su hermana Drusila— participaron en una conspiración fallida contra Calígula. Desde ese momento Agripina perdió sus bienes y se vio obligada a marcharse al exilio. Su precaria situación solo cambiaría tras el asesinato de Calígula. Para sorpresa de todos, los pretorianos decidieron elevar a la jefatura del gobierno a Claudio, el tío paterno de Agripina. Así, en el año 41 el nuevo emperador permitió el regreso de su sobrina a Roma y le restituyó sus bienes. Su situación social quedó aún más reforzada tras un nuevo matrimonio con Cayo Salustio Crispo, que había sido cónsul en dos ocasiones y también gozaba de una más que considerable influencia política. El matrimonio, sin embargo, no duraría demasiado, ya que Salustio murió poco después, dejando viuda a Agripina por segunda vez. En aquel entonces, los rumores de que Agripina había tenido algo que ver en la muerte de su segundo esposo no llegaron a acallarse por completo.

Más o menos por la misma época se produjo el *affaire* entre Silio y Mesalina (véase el capítulo 22). Según se cuenta, Mesalina, esposa de Claudio, tras su escandaloso matrimonio con el senador Silio, intentó hacerse con el poder del Imperio, por lo que fue ejecutada en el año 48 por orden del emperador, que quedó sin consorte. Empezó entonces una frenética carrera entre las familias más distinguidas y ambiciosas de Roma por ofrecer una nueva esposa al emperador, que había enviudado repentinamente. Una de las candidatas más prometedoras para obtener el favor de Claudio era Agripina. Como sobrina del emperador, contaba con numerosas ventajas frente a sus competidoras, ya que disponía de un fácil acceso a la corte y a su propio tío, y Agripina no desaprovechó la oportunidad. Además, contaba con el apoyo de Palas, un liberto poderoso que ejercía una considerable influencia sobre Claudio. La falta de escrúpulos de Agripina, sus ansias de poder y su nada desdeñable capacidad de seducción acabaron dando sus frutos. Agripina finalmente se convirtió en la nueva emperatriz y consiguió, gracias a sus redes clientelares e influencia política, disipar las reservas que pudieran existir en contra de un matrimonio entre parientes cercanos. Sin ningún tipo de miramientos y rechazando todos los dictados de la tradición, el Senado derogó la norma que impedía este tipo de unión. La boda entre Claudio y su sobrina fue finalmente aplaudida incluso por el Senado, que celebró un hecho que habría sido considerado un escándalo en épocas anteriores.

En el año 49 Agripina consumó su meta: se convirtió en la esposa del emperador y con ello se situó en el epicentro político de Roma. Pero, lejos de sentirse satisfecha con su nueva posición, su insaciable ambición y su desenfrenado orgullo le indujeron el deseo de alcanzar cotas aún más altas de influencia y poder: pretendía gobernar ella misma. Debido a la notoria debilidad de su marido y a su capacidad de manipulación, la oportunidad de conseguir el gobierno no se antojaba una meta imposible. Fue la primera mujer que, como esposa de un emperador, recibió en vida el honorable título de «Augusta», algo que ni siquiera había podido conseguir la todopoderosa Livia, esposa de Augusto, a quien solo se le concedió este título póstumamente. El comportamiento narcisista de Agripina no conocía límites. Hizo que la veneraran en público como a una regente, se acuñaron monedas en su honor con su retrato esculpido e incluso se erigieron estatuas suyas en lugares públicos. Siempre aparecía al lado de Claudio, poniendo de manifiesto a todas luces quién tenía la última palabra en la casa imperial. Fue entonces cuando decidió poner en práctica sus más ambiciosos planes de futuro. Su primer logro fue conseguir que Claudio aceptara como propio al hijo de su primer matrimonio, Lucio Domicio Enobarbo, que se convirtió así en miembro de la familia Claudia y recibió el nuevo nombre de Tiberio Claudio Nerón. Nerón, el nuevo hijo adoptivo del emperador, era varios años mayor que el hijo natural de Claudio, Británico, por lo que su madre había conseguido una importante ventaja en términos de sucesión. Es más que probable que la intención de Agripina fuera desde un principio situar a su hijo como el primero en la lista para reclamar el trono imperial.

A partir de ese momento Agripina se dedicó en cuerpo y alma a allanar el camino para que su hijo Nerón, presunto sucesor de Claudio, asumiera el poder. Era una maestra del *networking* y creó una nutrida red de relaciones dentro de la casa imperial, en las más altas esferas del gobierno y en el ejército, lo que le permitió eliminar a los potenciales oponentes y preparar el terreno para la pretendida elevación de Nerón al trono imperial. Cuando finalmente solo quedó su marido como último obstáculo para sus planes, Agripina decidió acabar con él sin vacilar. Conocedora de sus costumbres, hizo que le sirvieran un suculento plato de setas envenenadas que le provocó una muerte agónica en el año 54.

Como era de esperar, Nerón fue proclamado emperador, y Agripina, por su parte, pensó haber alcanzado la meta de sus sueños de grandeza. Después de haber ejecutado todos sus planes sistemáticamente y con total impunidad, era ahora cuando se veía como la verdadera soberana del Impe-

Nerón y Agripina.

rio. Pero su felicidad duraría poco. Aunque el nuevo emperador el día de su ascensión al trono proclamara frente a la
guardia pretoriana que Agripina era «la madre más excelente», dejando claro que era a ella a quien debía su regencia, el

joven emperador de diecisiete años pronto se cansó de que su progenitora lo tratara como a un niño pequeño. De hecho, Agripina dirigió los asuntos de Estado durante los primeros años del reinado de su hijo, pero a partir del año 55 la relación entre ambos sufriría una ruptura cada vez más evidente. Poco a poco Nerón fue retirando los privilegios otorgados a su madre, como la presencia en las audiencias imperiales, la posesión de una guardia personal o la posibilidad de residir en el palacio imperial. Estas medidas, que pretendían poner límites a su comportamiento autoritario y alejarla de los asuntos de Estado, la afectaron severamente. En el transcurso de esta progresiva pérdida de poder, sus numerosos oponentes empezaron a asomar la cabeza.

Finalmente, en el año 59, Agripina encontró un cruel final para una vida llena de intrigas, engaños y actos violentos. Su «amado» hijo Nerón, que durante tantos años había estado encadenado a ella en una tortuosa relación de amor-odio, decidió acabar con su vida para lograr emanciparse de forma definitiva. Fracasado un primer intento de eliminar a su madre, ideó una pérfida jugada para poner fin a la vida de Agripina. Fingiendo un profundo afecto filial por ella, organizó una fiesta de reconciliación en su villa de Bayas, junto al mar. Agripina acudió a la cita con la esperanza de reconciliarse con su hijo. Pero en el camino de regreso a casa, el barco que debía llevarla a Roma se hundió en el mar, y, con él, la madre del emperador. Todo recuerda a una escena de teatro dispuesta a ser representada, pues la cubierta superior del transporte marítimo estaba provista de unas pesadas planchas de plomo cuya intención era que el barco se hiciera pedazos y se hundiera al poco de alejarse de la costa.

El proyectado naufragio debía parecer una catástrofe real, pero, como a menudo ocurre con este tipo de empresas, terminó fracasando. El barco se hundió, pero Agripina, que era una excelente nadadora, consiguió llegar a la orilla haciendo acopio de todas sus fuerzas. La noticia de su salvación fue un duro golpe para Nerón, que envió inmediatamente un destacamento de soldados para que la ejecutaran. Incluso sus notables habilidades físicas resultaron inútiles en esta ocasión. El cuerpo de Agripina fue incinerado y enterrado en secreto en su finca. Posteriormente, su memoria fue borrada por decreto imperial, y su cumpleaños, declarado día de infortunio.

En la vida de Agripina, las influencias destructivas de una ambición desmedida se condensan en un panóptico de obsesión por el poder, alimentado por su codicia y su apego a la violencia. La ausencia absoluta de coordenadas éticas deformó su resistente personalidad hasta convertirla en un juguete en manos de una pasión desenfrenada y un insaciable afán de poder. Sin embargo, no debemos olvidar que los trazos esenciales de esta imagen proceden de las perspectivas masculinas de los autores antiguos que hablaron de ella en sus textos, por lo que su veracidad debe quedar en entredicho. A pesar de su indudable talento y empuje, acabó atrapada en sus propias pretensiones, completamente exacerbadas. ¿Acaso es de extrañar, en este contexto, que su hijo Nerón siguiera sus pasos en algunos aspectos? En cualquier caso, Nerón pasará a los anales de la historia romana como un matricida y no como un artista universalmente reconocido y celebrado, idea que tanto había deseado.

27. El poder de un clan femenino: Heliogábalo se convierte en emperador

Agripina, tras superar innumerables obstáculos, fue finalmente capaz de situar a su hijo Nerón en el trono imperial. Y fue precisamente esta circunstancia la que la condujo a su desdichado final. No obstante, no fue la única dama romana de alta alcurnia que durante la época imperial compartió un destino parecido. Encontramos también en el entorno de Julia Domna, respetada emperatriz esposa de Septimio Severo, el fundador de la dinastía de los Severos, una serie de distinguidas mujeres que, gracias a su habilidad, recursos y una acentuada conciencia de sus propias facultades, intentaron algo similar.

Tras el asesinato de Caracalla, hijo de Septimio Severo —un emperador que gozó de gran popularidad sobre todo entre los soldados—, en su campaña contra los partos, se produjo un vacío de poder en Roma. El prefecto del pretorio Macrino aprovechó esta situación para hacerse en el año 217 con el control del gobierno y, debido a la aparente ausencia de descendientes que pudieran reclamar la sucesión, no le resultó en un primer momento difícil afianzarse en el poder. O al menos, eso parecía. Macrino, más interesado en la correcta administración del Imperio que en la guerra, firmó la paz con el rey de los partos para estabilizar su frágil gobierno. Su intención era llegar a Roma lo antes posible para así obtener el reconocimiento oficial de su gobierno y, una vez conseguido, extender su autoridad hacia las provincias occidentales del Imperio. Durante los meses de invierno, mientras permanecía en Antioquía para orquestar una serie de medidas políticas apremiantes, fue creciendo el descontento entre las tropas acuarteladas a lo largo de la frontera sirio-mesopotámica. En la importante guarnición siria de Emesa, la situación se tornó especialmente conflictiva.

En esta región, Julia Maesa poseía extensos latifundios y un gran número de seguidores. Era la hermana de la emperatriz Julia Domna, y aunque ambas habían pasado gran parte de su vida en el palacio imperial de Roma, todavía seguían gozando de gran prestigio en Siria, su país natal. Julia Maesa tenía dos hijas. La mayor, Julia Soaemias, era madre de un chico, Vario Avito, que entonces tendría unos quince años. La otra hija, Julia Mamea, también tenía un hijo; se llamaba Basiano, y era unos cuatro años más joven que su primo. Ambos servían en el templo del dios Sol de Emesa, uno de los santuarios más prestigiosos del Oriente romano. Vario Avito cumplía especialmente con sus deberes cultuales con gran fervor y convicción. Era majestuosamente alto y de aspecto agradable y estaba completamente absorto en su servicio sacerdotal. Pronto corrió el rumor,

difundido por su abuela, de que en realidad era hijo ilegíti-
mo del recientemente fallecido emperador Caracalla, a
quien los soldados habían tenido en gran estima. Por supuesto, este rumor actuó como una inyección letal para las
ambiciones de Macrino, quien a partir de ese momento em-
pezaría a ser cada vez más cuestionado por el grueso de las
tropas.

Julia Maesa y su hija se aprovecharon hábilmente de esta
situación. Utilizando su amplia red de simpatizantes, pronto consiguieron atraer la atención de los soldados sedicio-
sos hacia la figura de Vario Avito. Fortalecidas por este primer éxito y haciendo uso de sus considerables recursos,
lanzaron de forma decidida una campaña para desacreditar
a Macrino y ensalzar las virtudes de su candidato. La supuesta paternidad de Caracalla, la estructura de redes
clientelares del poderoso clan sirio y el abundante flujo de
dinero terminaron por convencer al resto de las tropas,
descontentas con Macrino. Fue así como el 16 de mayo del
año 218 el joven Vario Avito fue proclamado emperador
por el ejército. Tomó el nombre de Marco Aurelio Antoni-
no para vincularse con las venerables y respetadas dinastías
de los Antoninos y los Severos. Macrino se vio cada vez
más acorralado al comprobar que sus tropas desertaban en
apoyo a su rival. Finalmente, fue derrotado y ejecutado.

El nuevo gobernante será siempre recordado no por su
nombre de nacimiento, sino por el de su deidad solar, Heliogábalo. Este hecho concuerda con la consideración que él
mismo tenía de su nueva dignidad tras su ascenso al trono,
pues su intención principal era la de ejercer como sacerdote
de su dios solar de Emesa en todo el Imperio. En este aspecto, se comportó de forma similar a su famoso predecesor Ne-

rón, que se veía a sí mismo más como un artista que como un gobernante. ¿Sabía el joven e inexperto Heliogábalo que Nerón había fracasado precisamente por haber descuidado completamente sus deberes imperiales dando preferencia a sus inclinaciones artísticas? Las previsoras mujeres de su familia, muy conscientes de esta circunstancia, veían con creciente preocupación que Heliogábalo apareciese en público maquillado como una mujer y portando túnicas de seda entreteladas con púrpura, collares y joyas exóticas. Su puesta en escena, además, incluía danzas extáticas acompañadas por flautas y panderetas. Toda esta teatralidad, sin embargo, no importó demasiado a los soldados que lo habían hecho emperador y que habían recibido una generosa donación monetaria tras su ascenso al trono, por lo que el joven emperador fue llevado hasta Roma. El historiador Herodiano cuenta que Heliogábalo siempre insistía en la observancia de sus propios preceptos, actuando realmente como un sacerdote y dejando en un segundo plano el cumplimiento de sus deberes gubernamentales. Desafortunadamente para él, ignoró en gran medida las advertencias de las mujeres de su familia y los consejos que le ofrecieron.

Ataviado con los exóticos ropajes propios del sacerdote solar de Emesa y rodeado de su escolta y el personal de culto, Heliogábalo llevó consigo el mundo religioso de Oriente a la capital del Imperio, haciendo de su entrada en Roma un acontecimiento inolvidable. Su objetivo era situar a su dios en un lugar privilegiado dentro del Imperio. Del mismo modo que Heliogábalo tomó por esposa a una virgen vestal —petición inaudita en Roma debido a que las santas vírgenes estaban obligadas a la castidad—, también ofreció por esposa a su dios a Tanit, la diosa celeste de Cartago.

Además, hizo trasladar al templo del dios solar los objetos y elementos preciosos más venerables de la religión romana, como la piedra de la *Magna Mater,* los escudos de los salios o el fuego de Vesta. En la curia del Senado romano hizo colocar una imagen suya como sacerdote del dios Sol de grandes dimensiones delante de la Victoria, y exigió que tanto los más altos mandatarios del Imperio como cualquier otra persona que ofreciera sacrificios públicos rindiera primero homenaje a su dios. Tras los reinados de Calígula, Nerón, Domiciano y Cómodo, los romanos estaban bastante acostumbrados a la extravagancia y no se alteraban fácilmente, por lo que en un principio aguantaron las excentricidades del narcisista Heliogábalo con creciente curiosidad. Pero poco a poco comenzarían a surgir también críticas mordaces, primero de forma comedida y luego de manera más impetuosa.

En última instancia, el intento de Heliogábalo de anteponer una deidad extranjera al culto romano tradicional y colocar a su dios oriental a la cabeza del panteón romano no tuvo éxito. Sin embargo, puso de manifiesto las posibilidades que tenía un emperador a este respecto si no fracasaba políticamente, como finalmente terminó haciendo Heliogábalo. Tras un reinado de cinco años, fue víctima de una revuelta militar que no logró sofocar; una insurrección posiblemente incitada por su propia tía, que quería elevar al trono a su hijo. Atrapado y ensimismado en su mundo paralelo, y ciego ante lo que ocurría fuera de este, Heliogábalo se había distanciado demasiado de sus antiguos partidarios. Murió junto a su madre a manos de los mismos soldados que antaño le habían vitoreado y luego ayudado a llegar al poder.

Su abuela Julia Maesa, experimentada política, llevaba tiempo previendo la inexorable y trágica caída del gobierno de su nieto, por lo que se preparó para ese momento. Tan pronto como Heliogábalo fue eliminado, su primo menor Basiano, que ya había alcanzado el rango de César y por tanto ocupaba un cargo gubernamental, fue elevado al trono en el año 222 de acuerdo con el plan alternativo de la hacedora de emperadores siria. Esta manera de actuar evidencia bien a las claras las extensas redes clientelares y las estrechas conexiones que estas eficaces y poderosas mujeres orientales habían ido trenzando tanto en la esfera política como en el ámbito militar. Con el nombre de Alejandro Severo y bajo la dirección de su enérgica madre Julia Mamea, Basiano dirigirá con relativo éxito los destinos del Imperio durante más de una década, hasta el año 235.

El nuevo emperador, probablemente aconsejado por sus asesoras, llevó a cabo un sorprendente giro que puso patas arriba todas las medidas cultuales impuestas por su primo Heliogábalo. También su comportamiento como gobernante fue completamente opuesto al de su predecesor, y se mostró estrictamente romano en sus apariciones oficiales, cumpliendo así con las expectativas puestas en él. Mientras que su primo Heliogábalo había representado un particular papel como excéntrico oriental, Alejando Severo aparecía en público a la manera romana. Las mujeres de su entorno familiar —muy experimentadas en cuestiones de Estado— eran perfectamente conscientes de hasta qué punto el recuerdo negativo de la política religiosa de su predecesor podía lastrar a su todavía inestable gobierno. Y por ello Alejandro Severo se erigió en el fiel preservador de las tradiciones ancestrales y de los preceptos de la religión secular de Roma.

28. Zenobia: una mujer en el trono imperial romano

La década posterior a la traumática captura del emperador Valeriano por los persas en el año 260 resultó una época extremadamente convulsa y anárquica. Nunca antes un emperador romano había sufrido semejante humillación, y además Valeriano pereció tras sufrir un trato degradante en manos de sus enemigos. La noble dama Zenobia vivió esta catástrofe de cerca, pues era la esposa de Odenato, un alto mandatario imperial que durante la crisis que estalló tras la fallida campaña de Valeriano fue capaz de frustrar las ambiciones de algunos usurpadores y proteger desde Palmira las amenazadas fronteras del Imperio frente a los persas. Odenato logró convertirse en el potentado más poderoso de las provincias orientales. Sus dominios se extendían desde Siria, a lo largo de la frontera septentrional de Arabia, hasta Mesopotamia. Su territorio, de hecho, se convirtió en la práctica en una parte independiente del Imperio.

Tras la muerte de su marido en el año 267, Zenobia asumió desde su sede residencial de Palmira el gobierno del reino de las provincias orientales del Imperio en representación de su hijo menor Vabalato. La figura de Zenobia nos recuerda a la de otras mujeres poderosas de la historia, como María de Medici, quien tras el asesinato de su marido Enrique IV de Francia en el año 1610 ejerció como regente de su hijo aún menor de edad, el futuro Luis XIII. María de Medici pasó a los anales de la monarquía francesa como una representante extremadamente enérgica del poder centralista. Al igual que le ocurrió a Agripina con Nerón y a las mujeres de la dinastía de los Severos con Heliogábalo y Alejandro Severo, el objetivo de Zenobia era garantizar el futuro gobierno para su hijo y, al mismo tiempo, afianzar el control sobre sus vastos dominios. Sin embargo, mientras que sus predecesoras procuraron instaurar y mantener en el poder a sus parientes masculinos, Zenobia fue un paso más allá.

Galieno, emperador del Occidente e hijo del difunto Valeriano, tuvo que aceptar a regañadientes el control que esta valerosa mujer ejercía en el este del Imperio. Incluso Claudio II, su sucesor, no pudo hacer nada para impedir que la regente de esta región autónoma oriental continuara en el poder tras el asesinato de Galieno en el año 268. Aunque Zenobia reconoció en primer lugar a Galieno y después a Claudio II como cogobernantes, esta enérgica mujer aprovechó la debilidad de dichos emperadores para consolidar su dominio en el Oriente romano. Se produjo entonces una situación completamente inaudita: una mujer poderosa gozaba de los mismos derechos que el emperador en la más alta esfera del poder estatal romano, una posición que hasta ese momento había estado reservada solamente a los hombres.

A partir del año 269 empieza a detectarse un cierto distanciamiento por parte de Zenobia con respecto al emperador Claudio II. Se lanzó a la conquista de amplias zonas de Arabia y Egipto, empresa que le granjeó grandes éxitos en tan solo un año. Los autores de la colección de biografías imperiales conocida como *Historia Augusta,* escrita en el siglo IV, dibujan una imagen extremadamente positiva de Zenobia, a la que presentan como descendiente de la legendaria reina Cleopatra, aumentando así su importancia política. Además de la expansión meridional de sus dominios, llevó también a cabo otras campañas en Cilicia y el Asia Menor oriental, y llegó incluso hasta las tierras altas de Anatolia, cerca de Ancira. Por su parte, el emperador Claudio II, que había defendido con éxito la frontera romana del Danubio contra las invasiones godas, sucumbió ante los feroces efectos de la peste. En el año 270 le sucedió en el trono imperial un líder militar muy capaz, Aureliano, quien quiso transformar de manera drástica la fragmentada política romana para impedir así la desintegración del Imperio.

Paralelamente al Imperio de Palmira de Zenobia, desde principios de la década de los sesenta se escindió en Occidente una vasta zona de dominio en el territorio galo que protegía la frontera del Rin contra las incursiones de tribus germánicas. Sus nuevos gobernantes actuaron con una independencia similar a la de Zenobia en el Oriente. Una vez que Aureliano consiguió estabilizar la frontera del Danubio renunciando al control sobre Dacia, decidió poner fin a las tendencias secesionistas, tanto en el Oriente como en el Occidente, originadas durante la convulsa época que siguió al reinado de Valeriano. Su objetivo no era otro que restaurar la unidad imperial. Percibiendo el dominio de Zenobia como la mayor de las amenazas, decidió posponer el problema del separatismo galo para afrontarlo más adelante. En el año 272 se dirigió hacia Oriente a la cabeza de las mejores unidades de su ejército. La soberana de Oriente respondió al avance de Aureliano haciéndose proclamar Augusta, al tiempo que elevaba igualmente a su hijo al rango de *Augustus*.

Zenobia no solo poseía considerables recursos materiales, sino que también tenía a su disposición una importante fuerza militar formada por una caballería pesada y armada según el modelo persa, y numerosos contingentes de arqueros muy temidos por las tropas regulares romanas. Pese a contar con semejante ejército, fue Aureliano quien comenzó la campaña en Asia Menor, tomando la ciudad de Ancira. Zenobia se encontró así, desde el principio, en una posición defensiva frente a su enemigo. Tras atravesar Siria, los ejércitos de Aureliano y Zenobia se enfrentaron cerca de Antioquía en una batalla que terminó a favor de Aureliano. Zenobia huyó junto al resto de sus tropas a Emesa. Allí, en las vastas llanuras de la región, la poderosa caballería de Zenobia pretendía entorpecer el avance de Aureliano. Era precisamente en esas tierras donde Zenobia quería derrotar de manera definitiva a su enemigo, pero las cosas no ocurrieron tal y como ella esperaba.

La batalla de Emesa fue finalmente decisiva para Aureliano. Al comienzo de la contienda, la eficaz caballería de Zenobia hizo retroceder a los jinetes enemigos y los persiguió impetuosamente. Pero en el fragor del combate cuerpo a cuerpo,

Zenobia Augusta.

sus unidades de infantería perdieron su línea de contención y empezaron a retroceder, mientras que la infantería de Aureliano logró mantener la posición y avanzar con éxito hasta que las tropas enemigas quedaron finalmente destrozadas. Zenobia tuvo que retirarse precipitadamente hacia Palmira mientras Aureliano se dirigía a Emesa, donde capturó el arca de guerra de Zenobia y adquirió valiosos recursos que le serían de gran ayuda en futuros enfrentamientos. Según la tradición, Aureliano tuvo una visión poco antes de que comenzaran las hostilidades. El dios Sol se le apareció y le prometió la victoria sobre sus enemigos:

Zenobia y Zaba quedaron derrotados, y la victoria de Aureliano fue completa. Dueño del Oriente, entró como vencedor en

Emesa, marchando en seguida al templo de Heliogábalo para cumplir los votos acostumbrados, y allí vio al mismo dios que le había ayudado en el combate. Por esta razón, cuidó de erigir en aquella ciudad muchos templos, que adornó con ricos regalos, y en Roma alzó un templo más hermoso todavía al Sol[1].

En el año 312, Constantino, en una situación extremadamente complicada y obsesionado con conseguir el poder, actuó igual que el emperador Aureliano —a quien se le reveló el dios Sol antes de la batalla decisiva de Emesa— pidiendo ayuda a la divinidad. Pero ¿de qué manera están relacionadas estas dos historias? ¿Es la escena de Aureliano, descrita por los autores de la *Historia Augusta* en el siglo IV, una proyección retrospectiva de los acontecimientos que rodearon la relación entre Cristo y Constantino en el año 312? Desde nuestro punto de vista, la escena fue protagonizada realmente por el emperador Aureliano en la segunda mitad del siglo III, ya que, como resultado de su victoria, el culto al dios Sol se extendió rápidamente por todo el Imperio. En este sentido, el éxito de Aureliano sobre Zenobia en Emesa adquiere una considerable dimensión político-religiosa, ya que la divinidad solar, que también era venerada de manera particularmente intensa en el reino de Zenobia en Palmira, lo había favorecido de una manera evidente.

La intención de Heliogábalo al trasladar al dios Sol de Emesa a Roma era generar una divinidad imperial universalmente reconocida. Aunque Heliogábalo fracasó y su reinado desapareció sin dejar demasiado rastro, el dios Sol sí

---

1. *Historia Augusta,* «Aureliano» 25, 3-6. Traducción de Francisco Navarro y Calvo (Biblioteca Clásica).

permaneció y fue venerado en todas partes en sus diversas manifestaciones. Los soldados acuartelados en el Rin, el Danubio, el Éufrates y en el norte de África lo veneraban, y en los países celtas y germánicos se multiplicaban los cultos solares bajo la advocación de divinidades locales. En el área griega, el dios Sol se había establecido desde hacía mucho tiempo como Helios-Apolo, y en la mayoría de las ciudades sirias también existían diversos cultos solares. En algunos círculos intelectuales surgió una teología que interpretaba al dios Sol como la imagen del ser celestial supremo. Con el *Deus Sol Invictus,* Aureliano quería mantener unido un Imperio que estaba en proceso de desintegración protegiéndolo de las numerosas amenazas que lo acechaban.

Tras la derrota de Emesa, Zenobia no tuvo más remedio que retirarse a Palmira, hacia donde se dirigió también Aureliano. Al principio su marcha se vio perturbada por las tribus beduinas de la región, que, no obstante, no pudieron impedir que finalmente llegara a Palmira y estableciera un cerco alrededor de la ciudad. La situación era extremadamente precaria para Zenobia, que trató de escapar hacia el Imperio persa, aunque su intento de huida terminó en fracaso. Por último, la regente de Palmira cayó prisionera en el verano del año 272. Los textos antiguos ofrecen diferentes versiones sobre el final de Zenobia. Mientras que Zósimo cuenta que la derrocada regente murió prisionera de camino a Roma, según la *Historia Augusta* llegó sana y salva a la capital, fue finalmente indultada por Aureliano y murió en un exilio dorado en una villa cerca de Tívoli a una edad avanzada.

Zenobia es la primera mujer de la historia romana que influyó activamente en la política ejerciendo tareas de mando y actuando como emperatriz. No es casualidad que los antiguos autores de la *Historia Augusta* la incluyeran en la galería de emperadores del pasado y le dedicaran un homenaje biográfico. Aunque evidentemente había habido ya una serie de mujeres importantes pertenecientes a las élites romanas que habían ejercido antes que Zenobia una considerable influencia en los acontecimientos políticos de su época —como Livia, Agripina, Julia Maesa, Julia Soemias o Julia Mamea—, dichas damas desempeñaron un papel secundario. El primer plano lo ocuparon siempre sus familiares varones, dirigiendo el Imperio, mientras que ellas se mantuvieron más o menos indirectamente en un segundo plano. El caso de Zenobia fue diferente. Apareció como la cabeza visible del Imperio oriental, dirigió a las tropas en el campo de batalla y fue considerada la máxima autoridad en sus dominios, adquiriendo gran prestigio debido a sus muchas habilidades y a los éxitos cosechados. Incluso se granjeó el respeto y el reconocimiento de sus oponentes. Aunque su gobierno efectivo duró solo unos pocos años y compartió el destino trágico de la mayoría de los pretendientes al trono imperial, su mandato como emperatriz estuvo lejos de ser un episodio fugaz y sin importancia. Sus éxitos en la defensa de las provincias orientales del Imperio romano frente a las impugnaciones de la monarquía persa constituyeron una notable hazaña que permanece imborrable en la memoria histórica de Roma.

29. Diocleciano: divide e impera como modelo de Estado

El 17 de noviembre de 284, con motivo del ascenso al trono de Diocleciano, comandante de la guardia imperial, se produjo en Nicomedia un terrible incidente. De pie sobre un pedestal, el soberano, que acababa de ser elevado a la más alta dignidad estatal, aceptó condescendientemente la aclamación del ejército allí reunido. Acto seguido, tuvo lugar un hecho que interrumpió el júbilo y la alegría del momento. Para horror de todos los presentes, el recién nombrado emperador tomó de forma inesperada una espada, y, con feroz determinación, apuñaló al prefecto de pretorio Aper, que se encontraba junto a él. ¿Cómo pudo producirse una escena como aquella, en la que el más alto dignatario tras el propio emperador fuera asesinado de forma tan fría y calculada delante del público allí presente? La respuesta a esta pregunta hay que buscarla en los acontecimientos que precedieron a este espeluznante suceso.

A principios del año 283 el ejército romano dirigido por el emperador Caro había invadido el reino persa. El gobernante romano murió durante el asedio a la ciudad residencial de Ctesifonte, fulminado, según dicen, por un rayo. En consecuencia, le sucedió su hijo menor Numeriano. Al regresar hacia el territorio romano con su ejército tras la campaña persa iniciada por su padre, fue víctima en Nicomedia de un atentado perpetrado, presumiblemente, por el mencionado Aper. La cúpula militar y civil del Imperio se reunió entonces para elegir a un nuevo jefe de Estado. Finalmente, se decidió no tener en cuenta ni al hijo mayor de Caro, Carino —que se encontraba en ese momento en la Galia—, ni al propio Aper, el alto cargo involucrado en el asesinato de Numeriano. El elegido fue Diocleciano, y las tropas inmediatamente confirmaron al nuevo emperador. El sangriento episodio descrito anteriormente eclipsó el ascenso al trono de Diocleciano, y el nuevo emperador se reveló de esta manera como el vengador del malogrado Numeriano. Es poco probable que con esta acción Diocleciano quisiera cumplir el oráculo de una druida gala que en una ocasión profetizó que ocuparía el trono si antes era capaz de abatir personalmente a un 'jabalí' (*aper* en latín). Lo más probable es que quisiera deshacerse de un molesto competidor en su escalada hacia el poder. Independientemente de la veracidad de los rumores que implicaban a Aper en el asesinato de Numeriano, Diocleciano los usó convenientemente, mostrándose como el vengador de su predecesor y, al mismo tiempo, eliminando un posible rival.

Así como la génesis del Principado es impensable sin Augusto, Diocleciano fue decisivo para la configuración del Imperio tardoantiguo. Su reinado marcará el comienzo de una fase de la historia romana cuyas consecuencias perdurarán hasta el final de la Antigüedad. Sin embargo, cuando ascendió al trono, todo apuntaba a un gobierno efímero, como tantos otros, encabezado por emperadores proclamados tumultuariamente por la tropa y que mantendría los habituales patrones de inestabilidad. ¿Cuántos habían intentado consolidarse en el poder desde que en el año 235 Maximino el Tracio se hiciera con el trono del Imperio? Tal vez veinte o treinta, nadie lo sabe con certeza. El asesinato de Aper el día de la proclamación de Diocleciano parecía alimentar los peores temores en este sentido. Pero ocurrió justo lo contrario, ya que el gobierno de Diocleciano se caracterizaría en el futuro por un elevado grado de eficacia y solidez que nada tenía que ver con la conducta de los numerosos emperadores elevados al trono por la soldadesca que le precedieron y fracasaron. Además, el nuevo gobernante sorprendió con medidas poco convencionales, que cambiaron a fondo la estructura del Estado romano y lo dotaron de una nueva proyección de futuro.

Al poco de llegar al poder, Diocleciano se vio abrumado por la cantidad de tareas que debía acometer con urgencia, por lo que proclamó a su compañero de armas, Maximiano, como segundo Augusto en el año 286. La división del gobierno entre dos regentes no era una novedad en la historia de Roma, pero nombrar coemperador a un personaje que no formaba parte de la familia imperial sí era una decisión sorprendente y transgresora. Diocleciano pronto se dio cuenta de que mantener la unidad del Imperio era una tarea compleja, y su cohesión dependía de una profunda reforma de las estructuras gubernamentales. Por tanto, en el año 293 ascendió al rango de César a Galerio —un acreditado oficial–, mientras que Maximiano, por su parte, nombraba a Constancio cogobernante. Júpiter y Hércules fueron los dioses que auspiciaron a este recién formado colectivo imperial. Posteriormente, los dos Césares, Galerio y Constancio, fueron adoptados por los respectivos Augustos. Al parecer, estaban destinados a sustituir a los emperadores supremos tras su correspondiente mandato, para luego nombrar a su vez a otros dos Césares como sucesores. De esta manera, una solución de emergencia había derivado en un nuevo sistema de gobierno compartido: la tetrarquía.

Las reformas de Diocleciano deben inscribirse en el contexto de la crisis del Imperio en la segunda mitad del siglo III. Algunos emperadores enérgicos se habían esforzado en el pasado en aplicar soluciones, pero solo consiguieron progresos temporales debido a la inestabilidad reinante. Lo más destacable del sistema de Diocleciano fue que los cuatro emperadores ejercieran sus cargos de manera consensuada, evitando cualquier conato de segregación. Con ello, el poder del Estado quedó notablemente fortalecido. Los cuatro gobernantes cumplieron con las expectativas depositadas en ellos: consiguieron repeler las incursiones de las sediciosas tribus fronterizas, cortar de raíz las agitaciones internas y mantener a raya a los posibles usurpadores. Estos logros fueron posibles, entre otras cosas, porque los gobernantes se atuvieron a las decisiones tomadas, aplicaron leyes acordadas conjuntamente y pusieron en práctica una serie de medidas encaminadas a la recuperación política y económica del Imperio. Aunque el sistema tetrárquico se distinguiera por su pluralidad, en principio los cuatro regentes tenían independencia de criterio en su correspondiente jurisdicción, y cada uno de ellos disponía de una corte propia. En la práctica, cada emperador reinaba sobre un territorio específico: Diocleciano gobernaba el Oriente preferentemente desde Nicomedia; su César Galerio supervisaba las provincias del Danubio, Iliria y Grecia, lo que le obligaba a desplazarse desde Sirmio hasta Tesalónica; Maximiano era responsable de gobernar África, Retia e Italia hasta el Danubio, y alternaba su residencia entre Milán y Aquilea; Constancio administraba Galia, Hispania y Britania, y residía en Tréveris y York respectivamente.

¿Fue el sistema tetrárquico, con sus defectos y virtudes, una solución para salir del paso o fue más allá? Estas preguntas no solo las formulaban los contemporáneos, sino que se pueden plantear posteriormente para detectar las líneas maestras del ejercicio del poder imperial durante el Bajo Imperio. La tetrarquía fue el resultado de un largo proceso que comenzó con Augusto cuando concentró todos los poderes en la persona del emperador durante la fase de disolución de la República. Este actuaba como comandante del ejército, como juez y como sumo pontífice de la religión romana. Su poder se basaba en la acumulación de cargos, recursos y prestigio. Como no existía ningún modelo en la práctica constitucional romana para tal acumulación individual de poderes, la existencia del Imperio dependía del ejercicio simultáneo de estas funciones soberanas. Con la ayuda de una mezcla de competencias personales e institucionales, surgió una forma de gobierno establecido sobre las relaciones de poder y la capacidad como estadista del primer hombre de Roma.

El estilo de gobierno de los emperadores quedaba determinado por el manejo que hacían de sus amplios poderes.

Grupo de tetrarcas. Altorrelieve en columna de pórfido, probablemente proveniente del palacio imperial de Nicomedia. Venecia, Plaza de San Marcos, esquina suroeste de la basílica.

En este contexto, acogerse a la aprobación y la tutela de los dioses no era un mero formalismo, sino que constituía un seguro de vida fundamental para los regentes de turno. Por esta razón, Diocleciano y Maximiano decidieron asociarse con Júpiter y Hércules, que se convirtieron así en las divinidades garantes de su programa político. Esto supuso una fuerte vinculación entre su proyecto de futuro y estas deidades, cuidadosamente elegidas. Más que nunca, el destino de la religión romana dependía del éxito de los tetrarcas. La equiparación entre el Estado y el culto a los dioses generó un potencial de movilización que derivó en un alto grado de violencia hacia aquellos grupos que, desde el punto de vista de los tetrarcas, se comportaban de forma hostil contra la inspiración divina de su gobierno.

La legitimidad de los tetrarcas se basaba en ese vínculo indisoluble entre la antigua religión romana y los regentes que la personificaban. Su divinidad formaba parte de un sistema de gobierno concebido como una familia divina. Quien no reconociera su carácter sacro debía temer las consecuencias penales, ya que, desde el punto de vista de los emperadores, cualquier clase de disidencia socavaba los cimientos religiosos y políticos del Estado. Con la prohibición del culto cristiano, la política intimidatoria del Estado hacia los disidentes alcanzó su punto culminante. Guiados por la convicción de que su forma de proceder fortalecía la unidad del Imperio, los tetrarcas utilizaron métodos violentos para cumplir su objetivo primordial de revitalizar la religión tradicional. Sin embargo, los tetrarcas distaban bastante de ser unos fanáticos. No todos estaban convencidos del éxito de las políticas represivas, pues la enorme presión ejercida contra los grupos proscritos estaba lejos de ayudar a alcanzar la concordia interna. Al tomar represalias, las autoridades estatales terminaron provocando nuevos problemas, ya que los martirios sufridos por los cristianos de ninguna manera se tradujeron en un cambio de actitud, sino que en muchos lugares generaron el efecto contrario, ayudando a reforzar la imagen de invulnerabilidad de los perseguidos. Además, su voluntad de sacrificio confirió a algunos de estos disidentes un aura especial de firmeza que impresionaba incluso a sus adversarios. Es en este momento cuando se gesta el mito del verdadero creyente que desafía al espíritu de la época y se convierte en el elemento ideológico central de la creciente religión cristiana.

Posiblemente los tetrarcas pensaron que saldrían victoriosos en su lucha contra los cristianos. No hay que olvidar que las persecuciones empezaron relativamente tarde, en el año 303. Solo tras haber resuelto un sinfín de tareas relacionadas con la consolidación de la autoridad imperial —como las reformas administrativas, económicas, fiscales y militares, la reorganización provincial y la preservación de la integridad territorial del Imperio— se acometió como última misión su homogeneización religiosa. Excesivamente confiados en su superioridad, los tetrarcas sufrieron una enorme decepción al comprobar el fracaso de sus medidas coercitivas. Este sentimiento de impotencia es perceptible a través de un texto que plasma el irritado estado de ánimo que prevaleció en los instigadores de la política anticristiana. Se trata del edicto de Sérdica, del 30 de abril de 311, en el que el emperador Galerio levantó la persecución de los cristianos después de ocho años de continuo hostigamiento:

En efecto, por motivos que desconocemos se habían apodera-
do de ellos una contumacia y una insensatez tales, que ya no
seguían las costumbres de los antiguos, costumbres que quizá
sus mismos antepasados habían establecido por vez primera,
sino que se dictaban a sí mismos, de acuerdo únicamente con
su libre arbitrio y sus propios deseos, las leyes que debían observar y se atraían a gentes de todo tipo y de los más diversos
lugares. Tras emanar nosotros la disposición de que volviesen a
las creencias de los antiguos, muchos accedieron por las amenazas, otros muchos por las torturas. Mas, como muchos han
perseverado en su propósito y hemos constatado que ni pres-
tan a los dioses el culto y la veneración debidos, ni pueden hon-
rar tampoco al Dios de los cristianos, en virtud de nuestra
benevolísima clemencia y de nuestra habitual costumbre de
conceder a todos el perdón, hemos creído oportuno extender-
les también a ellos nuestra muy manifiesta indulgencia, de
modo que puedan nuevamente ser cristianos y puedan recons-
truir sus lugares de culto, con la condición de que no hagan
nada contrario al orden establecido. Mediante otra circular in-
dicaremos a los gobernadores la conducta a seguir. Así pues, en
correspondencia a nuestra indulgencia, deberán orar a su Dios
por nuestra salud, por la del Estado y por la suya propia, a fin
de que el Estado permanezca incólume en todo su territorio y
ellos puedan vivir seguros en sus hogares[1].

Es fácil intuir en estas líneas, probablemente redactadas
por el propio Galerio, la frustración de un gobernante obligado a reconocer a regañadientes que no había logrado eli-

---

1. Lactancio, *Sobre la muerte de los perseguidores* 34, 2-5. Traducción de
Ramón Teja (Editorial Gredos).

minar a la odiada comunidad religiosa, a pesar de disponer de los recursos del Estado. Lo más grave del fracaso de los representantes del poder estatal fue que reveló la fragilidad de esa estrecha relación que habían establecido entre ellos mismos y los dioses tradicionales de Roma. Ambas partes de la coalición político-cultual, los tetrarcas y las deidades que reivindicaban, no pudieron impedir que Cristo conquistara entonces su propio estatus en la esfera pública y que, por tanto, se convirtiera en una nueva fuerza emergente digna de tener en consideración en vista a posibles nuevas alianzas que hubiese que concertar. El emperador Constantino sería el primero en aprovechar esta oportunidad a partir del año 312, cuando estableció una nueva fuerte e intensa relación con el Dios cristiano que resultará finalmente decisiva en la fase final de la Antigüedad.

30. Las ambiciones desmedidas llevan a la ruina

La lista de figuras históricas que lo arriesgaron todo para hacer realidad sus objetivos, guiándose exclusivamente por su desmedida ambición personal, es larga y abrumadora. La campaña rusa de Napoleón, el golpe de Estado de Franco contra la República española, la guerra de Hitler contra medio mundo, la invasión de Ucrania por parte de Putin...: todas estas decisiones han costado a la humanidad un precio terrible. Al final de estas guerras siempre ha prevalecido la destrucción y el desastre: innumerables seres humanos sin medios para poder sobrevivir y la vida cercenada de miles de inocentes. En este capítulo presentaremos un ejemplo de la época imperial romana tardía cuyas consecuencias fueron funestas para Roma y llegaron a poner en peligro la existencia misma del Imperio. Sin embargo, ¡al principio todo empezó como una parodia!

El 18 de enero del año 350, Marcelo, oficial del Estado Mayor, ofreció un banquete en Autun (Galia) para celebrar el cumpleaños de su hijo al que asistieron numerosos mandos militares. Cuando el ambiente de la fiesta había alcanzado su punto álgido, Magnencio, comandante de la guardia, abandonó la sala por un momento. Cuando regresó, se presentó ante los invitados allí reunidos ataviado con la púrpura y las insignias imperiales. Lo que en principio solo parecía una mascarada montada para la diversión de los presentes se convirtió, sin embargo, en un hecho completamente serio. Cada detalle de su aparición había sido cuidadosamente preparado, logrando así sorprender a los presentes, como demostraron los calculados aplausos posteriores. Magnencio fue aclamado emperador por los asistentes al festín, y la noticia de su proclamación se extendió a una velocidad vertiginosa. La aprobación de su usurpación llegó desde todas partes. ¿Cómo es posible que se produjera esta situación?

Constante, hijo de Constantino el Grande y emperador de Occidente, fue una figura controvertida en la parte del Imperio que controlaba. En particular, su política financiera lo había hecho bastante impopular; pero fue su dura actitud hacia sus soldados lo que finalmente sería su perdición. Tras completar una serie de campañas en Britania y Germania, Constante pasó la mayor parte del tiempo en Italia e Iliria. Es posible que sus frecuentes ausencias contribuyeran a generar ese distanciamiento entre el emperador y las provincias más occidentales de su zona de dominio. En cualquier caso, resulta sorprendente la rapidez con la que Galia, Britania e Hispania se declararon a favor del usurpador Magnencio. Poco después de la rebelión, Constante perdió incluso el apoyo de su entorno más cercano y fue asesinado en su huida. Tras su derrota, el Imperio occidental al completo reconoció el gobierno de Magnencio, que intentaba ahora llegar a un entendimiento con Constancio II. Aunque el nuevo emperador se conformaba tan solo con el control sobre Occidente, necesitaba el beneplácito del emperador oriental para poder ejercer su gobierno.

Constancio II rechazó rotundamente la oferta de Magnencio, a quien acusaba de haber asesinado a su hermano Constante, y puso en marcha a su ejército en dirección a la cordillera alpina para penetrar en la Galia e Italia. Magnencio, que había previsto este movimiento, le cerró el paso, obligándolo a retroceder. Persiguió al ejército de Constancio II hasta Panonia y tomó posiciones en Siscia. Constancio siguió retirándose hacia el este y esperó a su oponente cerca de Cibalis. Tras tomar y destruir Siscia, Magnencio se dirigió hacia Sirmio, ciudad natal de Constancio II. Allí los dos ejércitos volvieron a encontrarse, pero esta vez la resistencia ofrecida por Constancio II logró imponerse al ataque del usurpador, que se vio obligado a retirarse hacia Mursa, actual Osijek, en la zona del bajo Danubio. Fue en este lugar donde se decidió el futuro de la contienda. El tribuno Silvano, comandante de una unidad de caballería de élite de Magnencio, se pasó al bando de Constancio II justo antes de que comenzara la batalla. Era el hijo de un valeroso oficial al mando de Constantino —padre de Constancio— y es probable que en estos momentos de crisis el apego a la dinastía constantiniana le hiciera inclinar la balanza hacia el lado de Constancio II. Magnencio intentó tender una emboscada al ejército enemigo manteniendo algunas unidades escondidas a las afueras de Mursa, pero el engaño fue descubierto y neutralizado a tiempo. El factor determinante en la batalla resultó ser la cantidad de tropas que Constancio II pudo movilizar en el combate final y que superaba a las de Magnencio, que había fragmentado sus fuerzas tras el asedio a Mursa y Sirmio, por lo que en el momento decisivo de la confrontación no disponía de todo su contingente para lanzarlo al campo de batalla.

El 28 de septiembre del año 351 tuvo lugar, frente a Mursa, la batalla más sangrienta del siglo. Constancio II logró la victoria sobre las unidades de Magnencio gracias a su caballería, fuertemente acorazada. La lucha cuerpo a cuerpo entre los dos ejércitos derivó en una espantosa carnicería en la que, se dice, perecieron cerca de 50.000 soldados. Llama la atención que los autores antiguos señalaran sin más miramientos, y cumpliendo con su deber de cronistas, el número escandalosamente elevado de vidas humanas que había costado la lucha de poder entre los contendientes por el dominio de la totalidad del Imperio. Sorprende que, pese al terrible desperdicio de vidas humanas, los autores antiguos no aportasen ninguna reflexión en torno al horror de la guerra civil o la ambición desmedida por el poder. La figura de Constancio II es cuestionada por diversas razones por algunos autores antiguos, pero no por haber construido la unidad del Imperio sobre los cadáveres de miles de soldados romanos. Lo que para nosotros, observadores modernos, representa una importante mancha en su biografía parece antojárseles a sus coetáneos algo habitual; los cronistas antiguos aceptan esta realidad con una serenidad inquietante, ya que su mundo se veía periódicamente afectado por encarnizadas luchas de poder que dieron lugar a masacres como la de Mursa. La guerra representaba para ellos, a todas luces, una constante en su visión de la historia que moldeaba en gran medida su distanciada perspectiva frente a los acontecimientos que narran.

Sin embargo, el baño de sangre con que se saldó la batalla de Mursa no supuso el fin de la guerra. Magnencio abandonó Panonia y regresó a Aquilea, y allí, tras asegurar los pasos alpinos, esperó el desarrollo de los acontecimientos. La estación estaba tan avanzada que hubo que suspender las operaciones militares. Constancio II, mientras pasaba el invierno en Sirmio, dio órdenes de construir una flota con vistas a la próxima campaña en Italia. Ahora sería él quien tomara la iniciativa en la guerra. Sus tropas superaron los pasos alpinos custodiados por el enemigo y avanzaron hasta Aquilea, donde Magnencio se había entregado hasta ese momento a la vida cortesana, rodeado de pompa y lujo, e imperturbable ante la situación de guerra que se cernía sobre él. Tras consolidar su dominio en Italia, Constancio II marchó con su ejército hacia la Galia para enfrentarse al enemigo. El último encuentro de esta fatídica guerra por el poder y el control del Imperio se decidió en la región alpina de Gap. En agosto del año 353 Magnencio terminó suicidándose en Lyon y Constancio II se convirtió en Augusto de todo el Imperio, ¡pero a qué precio!

Lo que había comenzado como una aparentemente burlesca escenificación teatral en torno al ascenso al trono de Magnencio en Autun terminó como una sangrienta tragedia, cruel y violenta. Los campos de batalla de Mursa y las provincias occidentales dan buena cuenta del horror de esta guerra civil. La ambición desmedida de los pretendientes al trono se cobró un escandaloso e inaceptable tributo de sangre que marcó sus respectivos gobiernos con una mancha indeleble. A partir de este momento, el Imperio,

Constancio II Augusto.

considerablemente debilitado, apenas podrá compensar la enorme pérdida de vidas humanas a largo plazo. Dos décadas más tarde, el gobierno imperial ya no pudo garantizar la seguridad de sus fronteras, e innumerables grupos de tribus godas hostiles al Imperio invadieron las provincias romanas al sur del Danubio. Tras la derrota sufrida por el ejército romano en la batalla de Adrianópolis en el año 378 —es decir, apenas una generación después de la catástrofe de Mursa— comenzará la imparable embestida de una serie de pueblos fronterizos hacia el territorio imperial y, con ella, el principio del fin del Imperio romano.

31. Un alborotador causa estragos en Antioquía

Una vez restaurada la unidad imperial tras la sangrienta pugna entre Constancio II y Magnencio, llegaron nuevas noticias alarmantes desde Oriente a la corte de Constancio II, quien por entonces alternaba su residencia entre Arlés y Milán. El César Galo, instalado en Antioquía dos años antes (351), empezaba a disentir de los mandatos de Constancio II y gobernaba a su antojo, sin atenerse a las directivas de su superior. La sombra de un intento de gobierno en solitario por parte de Galo asomaba en el Oriente. Al César Galo se le había confiado la gestión de los asuntos gubernamentales en la parte oriental del Imperio, en especial la protección de la frontera contra los intentos de invasión persas. Para ello se le dotó de un equipo de personas competentes formado por hombres leales a Constancio II. Amiano dice lo siguiente acerca de su carácter y su conducta en el cargo:

Apenas terminadas las insufribles vicisitudes de la expedición, los débiles ánimos de los que habían tomado parte, quebrantados por la variedad de riesgos y trabajos soportados, cuando aún no se había acallado el sonido de las trompetas ni los soldados se habían acomodado en los cuarteles de invierno, se vieron invadidos por otras procelosas tempestades de la cruel fortuna en los asuntos públicos, provocadas por los múltiples y crueles crímenes del César Galo, que —promovido desde la más profunda miseria de los comienzos de su adolescencia hasta las más altas cumbres, dando un inesperado salto— sobrepasando los límites del poder que se le había atribuido, lo enfangaba todo con su excesiva severidad. Pues su parentesco con la familia real e incluso su pertenencia a la *gens* del nombre de Constancio se le habían subido a la cabeza, y, según parecía, si hubiera tenido más energías se hubiera atrevido incluso a enfrentarse con el promotor de su buena suerte[1].

Galo y su esposa Constantina pronto se hicieron impopulares en su residencia de Antioquía. En una ocasión, cuando el precio del pan se disparó debido a la escasez de grano —lo que afectaba en especial a la densamente poblada metrópolis siria—, Galo se enfrentó a los miembros de la aristocracia antioquena y les acusó de ser los responsables de la carestía de alimentos. Si nos atenemos al relato de Amiano, la intención del César era provocar un baño de sangre entre los miembros del gobierno municipal de la ciudad (curiales), pero Honorato, un alto mandatario, lo-

1. Amiano Marcelino 14, 1. Traducción de Carmen Castillo García, Concepción Alonso del Real Montes y Álvaro Sánchez-Ostiz Gutiérrez (Alianza Editorial).

gró impedirlo. Cuando Galo incitó al pueblo de Antioquía a rebelarse contra el gobernador de Siria, Teófilo, el emperador Constancio II no tuvo más remedio que intervenir y puso a Galo bajo estricta vigilancia. La reacción de Galo fue ejecutar a varios de los confidentes de alto rango que Constancio II había enviado a la corte del César, incluido el nuevo prefecto del pretorio de Oriente. Con ello se desató la crisis. Esa es, a grandes rasgos, la versión que nos ha llegado sobre los problemas ocasionados por el César Galo en Oriente.

Nuestra fuente principal de información, Amiano, provenía de Antioquía y mantenía estrechas relaciones de amistad con los miembros del estamento curial de su ciudad natal, por lo que es bastante parcial en su relato de los acontecimientos, al menos en dos aspectos principales. Por un lado, el César Galo se posicionó como enemigo declarado contra los miembros del estamento municipal de Antioquía, del que Amiano formaba parte. Por otro, el general Ursicino, que desempeñó un papel decisivo en la caída de Galo, era un comandante militar muy apreciado por Amiano, que lo tenía en alta estima. Para una reconstrucción imparcial de los hechos es necesario tener en cuenta la falta de neutralidad de Amiano, que desgraciadamente es la única fuente histórica de la que disponemos.

De todas maneras, la actuación del César Galo durante el ejercicio de su cargo llegó a ser acerbamente criticada por los círculos dirigentes de Antioquía. La situación se agravó aún más cuando Galo tomó medidas rigurosas contra algunos de los especuladores de grano pertenecientes a la aristocracia local. La situación dejó a Galo en una posición precaria, encerrado en un triángulo de poder político

Moneda del César Constancio Galo (351-354).

entre la corte imperial, la curia municipal y los altos mandos, civiles y militares, de Oriente. Además, le resultaba difícil conformarse con la idea de actuar como un mero instrumento del Augusto Constancio II, que se encontraba
bastante lejos, en las provincias occidentales del Imperio.
Tras haber perdido el apoyo de la aristocracia local después
del asesinato de Teófilo, tuvo que construir su propia base
de poder. Para ello necesitaba la cooperación del ejército,
por lo que se esforzó en conseguirlo, al parecer con cierto
éxito. Pero fue precisamente su intento de cultivar la amistad de los militares lo que despertó la desconfianza de
Constancio II, que a partir de ese momento decidió aislar a
su subordinado de la tropa. Es en este contexto donde
debe situarse la revuelta militar de Antioquía, en la que fueron asesinados Domiciano, el nuevo prefecto de pretorio,
y Moncio, el antiguo cuestor, probablemente con la aprobación del propio Galo.

  El asunto tuvo serias repercusiones. El detonante fue el
encargo de un manto púrpura en Tiro, que fue interpreta-

do como señal de una inminente usurpación y desembocó
en una investigación oficial. Apolinario, yerno de Domiciano, recorrió Oriente para sondear el ánimo de las tropas y
fue encarcelado junto a su padre —un gobernador provincial también llamado Domiciano— por orden de Galo. Es
en este momento cuando hace su aparición Ursicino, que
había sido enviado a Antioquía desde el frente mesopotá-
mico para presidir los consiguientes juicios por alta traición. Pero la actuación de Ursicino no fue limpia, ya que
dirigió con mucha brusquedad la investigación judicial
para después informar detalladamente a Constancio II de
todos los incidentes. Tras convocar a Ursicino a la corte
de Milán y escuchar su relato, se tomó la decisión de eliminar al errático César, en quien ya no tenían ninguna
confianza. La muerte de Constantina, hermana de Constancio II y esposa de Galo, facilitó la tarea al Augusto.
Finalmente, Galo fue convocado a la corte de Constancio II. Allí, tras un largo y dramático viaje desde Oriente,
donde se evidenció que la mayoría de los altos mandatarios civiles y militares implicados en el asunto eran solo
leales a Constancio II, el desventurado César fue eliminado. Al igual que ocurrió con sus predecesores en una situación similar, el breve reinado de Galo resultó ser un
experimento fallido.

Para desacreditar aún más a Galo, Amiano denunció sus
actividades políticas como gobernante, al tiempo que dibu-
jaba un oscuro retrato de su carácter. Lo describe como
una especie de adolescente inmaduro que, al igual que el
joven emperador Galieno, recorría de noche las calles de
Antioquía al amparo del anonimato con su banda de com-
pinches, merodeando por las tabernas más sórdidas, siem-

pre al acecho de gente que se mostrara crítica con su gobierno. Amiano lo relata de la siguiente manera:

> Rodeado de un grupo de adictos que ceñían ocultamente espa-
> das, al atardecer iba por tabernas y encrucijadas, preguntando
> en griego —lengua que conocía muy bien— qué opinión tenía
> cada cual acerca del César. Y esto lo hacía atrevidamente en
> una ciudad en la que la claridad de las luces nocturnas suele
> casi igualar el fulgor del día[2].

La imagen de bravucón, pendenciero y alborotador no
contribuyó a generar una idea de Galo como hombre serio
y digno de confianza, ni a imaginarlo como un gobernante
capaz de asumir responsabilidades de gobierno. Las escenas descritas fueron una condena anticipada para el regente de Antioquía, pues lo mostraban como un personaje inmaduro al que las tareas de gobierno le quedaban grandes.
Por estas razones, Amiano hace un retrato de Galo contras-
tándolo con su intachable hermanastro Juliano, que se dis-
tinguía por su seriedad y sus juicios equilibrados. Juliano
fue elevado al cargo de César por Constancio II en el año
355 con el cometido de defender las provincias galas de las
invasiones germánicas. Su gobierno será tratado con más
detalle en el siguiente capítulo.

2. *Ibid.,* 14, 9.

32. Una voz que clama en el desierto: Juliano contra los galileos

Juliano es, sin lugar a duda, un personaje histórico extraordinario debido en parte a su personalidad singular y a su posición prominente como cara visible del Imperio romano. Sin embargo, fue su política religiosa lo que le hizo destacar como figura excepcional, pues pretendió revitalizar las religiones tradicionales de Roma y apartar al cristianismo del espectro cultual del mundo antiguo.

Como miembro de la dinastía gobernante –la constantiniana–, el joven Juliano asumió, al ser investido con la dignidad de César, un importante mando militar en la Galia, que desempeñó, para asombro de todos, de forma muy competente. Debido precisamente a sus éxitos como comandante del ejército, Juliano se atrevió a cuestionar el poder del Augusto Constancio II en el año 360. Al rebelarse contra su familiar Constancio II, a quien le debía el trono, Juliano pretendía no solo compartir el poder de forma igualitaria con él, sino asegurar asimismo su futuro a la cabeza del Imperio aclarando la cuestión sucesoria. Es posible que la rebelión de Juliano estuviese igualmente justificada por las heridas familiares abiertas. Su elevación a la dignidad de Augusto también supuso el ascenso de la rama de la familia que había sido desplazada del centro del poder, lo que suponía abrir la puerta a las venganzas y los resentimientos acumulados durante decenios contra el clan gobernante de los hijos de Constantino. La denuncia difundida por Juliano contra su primo, al que responsabilizaba del asesinato de sus padres, formaba parte de su estrategia propagandística. Juliano necesitaba legitimar su posición justificando el golpe de Estado que había iniciado y del que de ninguna manera contaba con la aprobación unánime de sus contemporáneos. El historiador Amiano, adepto de Juliano, resumió en unas pocas palabras el estado de ánimo del Senado romano, que desaprobaba rotundamente las acciones del César rebelde y pedía a Juliano que mostrara el debido respeto al emperador Constancio II[1].

Sin duda alguna, Constancio II y Juliano poseían unos caracteres muy diferentes. Pero más allá de las aversiones y motivaciones personales, existía otra cuestión de cariz estructural que los definía y separaba al mismo tiempo: las concepciones contrapuestas que tenían ambos acerca de cómo desempeñar las funciones imperiales. Este punto de fricción quedará plasmado en la orientación religiosa de sus respectivas personalidades. Mientras que Juliano, que había recibido una esmerada educación cristiana, se revolverá contra las creencias de su niñez, desmarcándose de su

1. *Ibid.,* 21, 10, 7.

pasado y realizando así un cambio interno de dirección espiritual que percibirá como un acto de liberación, Constancio II permanecerá siempre fiel a los fundamentos religiosos de su entorno familiar y afianzará sus creencias cristianas. En el quehacer de Constancio II se puede destacar una cierta dosis de pragmatismo; en el de Juliano, un fuerte componente idealista. Su respectivo comportamiento en materia religiosa no respondía a ningún cálculo ni tenía un cariz oportunista. Sus opciones religiosas, procedentes de diversas fuentes, se alimentaban preferentemente de sus vivencias personales. Su actuación en esta esfera estaba absolutamente motivada por sus profundas convicciones. En este sentido, ambos pueden ser considerados verdaderos prototipos de su época. A su manera, cada uno de ellos buscaba al dios que les prometiera la salvación.

Al igual que el acercamiento al cristianismo por parte de su tío Constantino, la apostasía de Juliano constituyó un acto político de gran trascendencia. Juliano se sintió invadido de un fervor misionero por salvar, con la ayuda de los tradicionales dioses del mundo antiguo, y según sus puntos de vista, al Imperio, amenazado, en su opinión, por la perniciosa religión cristiana. No obstante, Juliano fue muy cauto en las cuestiones relacionadas con los cultos. Para no enemistarse con nadie, ocultó sus verdaderas convicciones tras su elevación como Augusto, de modo que al principio se hizo pasar por cristiano, asistía a los oficios religiosos en la ciudad gala de Vienne y se mostraba como un devoto creyente. Solo en el transcurso del conflicto con Constancio II, y tras la muerte de este, abandonó esta mascarada y confesó públicamente su preferencia por los cultos paganos.

Los emperadores romanos eran muy conscientes de su enorme exposición en el epicentro de la religión romana, y el propio Constancio II compartía esa actitud. Para él, la dimensión religiosa de su gobierno era inamovible. A su juicio, había sido la providencia quien lo había decidido así. Las actividades de Constancio II en materia religiosa siguieron directrices claramente impregnadas por los dogmas de la doctrina cristiana. Sus posibilidades de elección se enmarcaban también dentro del estrecho margen que dichas directrices permitían. Actuar de forma autónoma en materia religiosa era, además, sumamente difícil porque chocaba con las pretensiones de la jerarquía eclesiástica. Constancio II propugnó un credo cristiano unitario según sus propias creencias recurriendo a su autoridad imperial. Juliano, por otro lado, se movía en la escala de valores que representaba el panteón de los dioses romanos tradicionales, todos los cuales ostentaban, en principio, la misma jerarquía. La distancia que separaba al emperador de esos valores politeístas era considerablemente menor que la que mediaba entre el Dios cristiano y sus devotos. Su decisión consciente a favor de los cultos tradicionales pretendía, sobre todo, reforzar la legitimidad de su poder gubernamental, que había usurpado mediante su rebelión contra Constancio II. Los éxitos políticos se convertían de este modo en el medio adecuado para consolidar su frágil poder. Este objetivo parecía estar cercano en el año 361, cuando Juliano, tras la inesperada muerte de Constancio II, llegó al poder sin tener que librar una devastadora guerra civil: los dioses parecían estar de su lado.

Esta decisiva coincidencia, interpretada por Juliano como una confirmación sobrenatural de su gobierno que avalaba la restauración del culto pagano, tuvo su efecto inmediato en la política religiosa, pues la preferencia por la Iglesia cristiana, que había ido aumentando continuamente desde Constantino, experimentará un retroceso a partir de este mismo momento. Así, con la abolición de las sanciones impuestas por Constante y Constancio II a los cultos tradicionales, el emperador, que se había alejado del cristianismo, declaró su apoyo a una renovación pagana del Imperio. Las fuentes disponibles nos permiten conocer la controversia que desencadenará la restauración religiosa de Juliano, en la que el propio emperador se convertirá en su mayor propagandista.

El título de un panfleto confeccionado por el propio Juliano en Antioquía, *Contra los galileos,* inscrito en la tradición de la apologética pagana militante, ya muestra su intención de ajustar cuentas con la fe que le había sido impuesta en su infancia. En este texto, Juliano expone, según su criterio, las debilidades de la doctrina cristiana, a la que considera una grave equivocación, al tiempo que señala la difusión del cristianismo como altamente nociva para la cohesión del Imperio. Del tratado solo se conservan una serie de fragmentos de algunas citas que debemos a Cirilo de Alejandría, quien polemizó contra Juliano ya en el siglo V. Según Juliano, el Antiguo Testamento contenía razones más que suficientes para dudar del concepto cristiano de Dios. Juliano compara el comportamiento mezquino —a su parecer— del Dios vengativo de los hebreos con la actitud magnánima de los dioses paganos. Sobre la base de los diez mandamientos de Moisés, Juliano critica el contenido ético de la visión del mundo judeocristiano. En sus escritos teológicos, Juliano prácticamente no distingue entre judíos y cristianos. Inscribe el mensaje de Cristo en la tradición profética del Antiguo Testamento en vez de considerarlo una genuina proclamación del reino de Dios. Sus ataques a los hebreos enfatizan la supremacía de la civilización grecorromana y su religión, exponiendo el contraste entre la superioridad de las deidades griegas frente al Dios de los judíos y los cristianos.

La polémica anticristiana de Juliano seguía la línea marcada por otros autores anteriores, como Celso o Porfirio, cuya intención era mostrar la reputación dudosa y turbia de la doctrina cristiana frente a la utilidad del culto a los dioses paganos. A pesar de las similitudes en los ataques de Celso y Juliano al cristianismo, encontramos diferencias sorprendentes que reflejan el cambio operado en el estado de ánimo político y religioso entre las dos épocas. Celso argumentaba entonces mostrando una postura plena de autoconfianza y seguridad, mientras que el emperador Juliano, a pesar de su posición como cabeza del Imperio, exponía su opinión desde un punto de vista defensivo. En consecuencia, Juliano se topó con una resistencia considerable a sus medidas anticristianas, y su programa de renovación pagana del Estado encontró pocos seguidores. La diferencia en el tono y la acogida de los dos tratados en contra de los cristianos ilustra de manera reveladora la transformación de la escena religioso-política entre los siglos II y IV. Mientras que los comentarios de Celso difícilmente pueden ocultar un sentimiento de superioridad moral y cierta condescendencia hacia el cristianismo, los ataques de Juliano resultan feroces y dejan un regusto amargo de impotencia. No es de extrañar que las iniciativas de Juliano fueran recibidas con hostilidad por sus contemporáneos cristianos. Solo podía estar seguro de que aprobarían su retorno al culto tradicional ciertos círculos intelectuales, que seguían siendo fieles a las prácticas paganas.

Finalmente, Juliano demostró ser una voz solitaria clamando en el desierto. No debería sorprender que la opinión pública reaccionara ante la reorientación religiosa más discretamente de lo que Juliano esperaba, pues no en balde el apoyo estatal al cristianismo durante dos generaciones había dejado ya una impronta profunda. Juliano tuvo incluso dificultades para atraerse la benevolencia de algunos de sus contemporáneos paganos como Amiano, cuyas escasas declaraciones acerca de la política de restauración resultaron más bien críticas, muy lejos de la aprobación unánime que esperaba el emperador. Visto en retrospectiva, el programa de la remodelación pagana del Estado parece poco más que una desviación de una norma establecida desde la era de Constantino el Grande. Con su politeísmo tradicionalista, Juliano —que había recibido una educación filosófica y estaba profundamente conectado con la tradición pagana— aparentemente solo fue capaz de atraer a un reducido número de intelectuales receptivos a sus ideas, ya que su diseño se basaba en una simbiosis religioso-filosófica que exigía algo más que empatía por parte de los destinatarios. Sin embargo, esto no explica del todo las razones de su fracaso.

En los últimos cincuenta años, el cristianismo se había convertido en la comunidad religiosa más relevante del Imperio, aunque posiblemente eso solo se debiera a que el paganismo aparecía dividido en innumerables corrientes, independientes unas de otras e incapaces de formar un frente común. Por tanto, esta rápida consolidación del cristianismo pudo haber contribuido en gran medida a provocar ese escepticismo con que fue recibida la política restaurativa de Juliano. Sin embargo, los esfuerzos de este por conseguir la renovación pagana del Estado y la sociedad no pasan de ser un episodio anecdótico debido a la brevedad de su reinado, que, en contraste con el mandato imperial de su tío y de sus primos, no pudo lograr resultados duraderos. Además, la derrota estrepitosa que Juliano sufrió en la guerra contra el reino persa tampoco contribuyó a promover la confianza en los dioses que lo apadrinaban.

Sus contemporáneos, a la hora de valorar la situación, fueron muy conscientes de las incongruencias de su política religiosa, de modo que actuaron de acuerdo con las circunstancias a la hora de elegir a su sucesor. El hecho de que después de Juliano —un pagano militante— fuera proclamado emperador el cristiano Joviano (363), que ciertamente no era un fanático religioso, puede interpretarse como la respuesta a la tibia aceptación que tuvo la restauración de Juliano. Las primeras medidas en materia religiosa adoptadas por Joviano revelaron un alto grado de comprensión y tolerancia hacia los cultos paganos. Que fuera precisamente un cristiano en el trono quien actuara con prudencia en la delicada esfera cultual es una señal inequívoca del afán de la época por la coexistencia religiosa. El nuevo gobierno no pretendía orquestar una ruptura radical con la tradición pagana, pese a que tenía la clara intención de derogar las medidas más irritantes tomadas por su predecesor. Pero tras el breve *intermezzo* pagano de Juliano, el trono imperial romano ya solo lo ocuparían gobernantes de clara inspiración cristiana.

33. Mujeres que de la noche a la mañana convierten a sus maridos al cristianismo

Para Juliano el programa de reorientación religiosa del Imperio romano instaurado tras la muerte de su oponente Constancio II en el año 361, y cuyo objetivo era desterrar el cristianismo de la vida pública, fue de vital importancia. El emperador dedicó gran parte de su energía y de los medios del Estado a convencer a la población del Imperio de la necesidad de volver a los cultos tradicionales, al tiempo que trataba de desacreditar la doctrina cristiana y a sus representantes, a quienes tachaba de desviados.

Como resultado, los antagonismos confesionales se agudizaron todavía más. Los partidarios más apasionados del paganismo promovieron su causa con energías renovadas, aunque se toparon con la oposición de grupos cristianos militantes que cerraban filas para resistir las nuevas imposiciones imperiales. El distanciamiento entre el cristianismo y el Estado es especialmente visible en la acuñación de monedas, que desde ese momento evitaron cualquier motivo cristiano; ello contribuyó a devolver los antiguos cultos a la conciencia colectiva de la gente, acostumbrada a admirarlos en los reversos de sus monedas; también se reconstruyeron y reabrieron templos y lugares de culto paganos que habían sido cerrados o abandonados y se encontraban en estado ruinoso, y además, se promovió la carrera política de paganos notables, y las instituciones de enseñanza, las academias o las escuelas de retórica conocidas por su orientación pagana experimentaron una mayor afluencia.

Pero estas disputas religioso-políticas apenas tuvieron eco entre la mayoría de la población, y solo causaron impacto en un círculo relativamente pequeño de personas cultas e interesadas por temas teológicos. Fueron principalmente los eruditos quienes determinaron el alcance y la intensidad del debate. En el bando pagano estaban el emperador, los titulares de los diversos cargos sacerdotales y un pequeño grupo de intelectuales tradicionalistas. Por el bando cristiano, fueron los clérigos y especialmente los obispos quienes tomaron parte en esta acalorada disputa. Las autoridades estatales retiraron los privilegios de que gozaba la Iglesia desde tiempos del emperador Constantino y promulgaron leyes favorables a los paganos, al tiempo que los defensores de la renovación pagana del Imperio daban a conocer sus opiniones mediante cartas y tratados. Se ha conservado un gran número de declaraciones que nos ofrecen una vívida imagen de los intentos de restaurar los cultos paganos. El respetado profesor antioqueno de retórica Libanio y el propio emperador Juliano se contaban entre los propagandistas más destacados. En este sentido, es posible extraer, gracias a una carta escrita por Juliano al sumo sacerdote Teodoro, una valoración pesimista de la situación —confirmada por muchos otros testimonios— en lo referente a la laxa devoción hacia los antiguos dioses en comparación con la estricta observancia de los mandamientos en la práctica cristiana:

> Viendo, pues, la gran indiferencia que existe entre nosotros hacia los dioses, y desterrado todo el respeto hacia los seres superiores por una impura y grosera molicie, continuamente me lamentaba yo en mi interior de tal situación, los adeptos de la religión judía (los cristianos) están tan inflamados que prefieren la muerte por ella y soportar cualquier privación y hambre para no probar el cerdo [...] mientras que nosotros nos comportamos tan despreocupadamente en lo relativo a los dioses que nos olvidamos de nuestras tradiciones[1].

Probablemente la anécdota más cómica que ilustra ese tira y afloja entre cristianismo y paganismo procede de un escrito personal de Libanio. El profesor de retórica pinta un cuadro realista y alegremente pícaro de los antagonismos confesionales que atenazaban al Imperio en la segunda mitad del siglo IV. En una carta dirigida a un alto dignatario sirio, el prominente pagano Alejandro, Libanio señala críticamente:

> Yo deseo con ahínco que estéis llenos de celo por los dioses y que queráis poner a muchos bajo su ley, pero no deberíais sorprenderos si algunos, tan pronto como hayan sacrificado, des-

---

1. Juliano, *Cartas* 89d. Traducción de José García Blanco y Pilar Jiménez Gazapo (Editorial Gredos).

precien sus acciones y vuelvan a alabar los no sacrificios. Porque afuera siguen tus mejores consejos y vienen a los altares, pero en casa está la mujer, y hay lágrimas, y la noche los cambia de opinión y los aleja de los altares[2].

Aquí tenemos un testimonio que nos muestra realmente los efectos de la política de restauración estatal en la vida cotidiana, una política que obviamente poseía una cierta doble moral. La imagen de las mujeres cristianas que conseguían que sus maridos paganos se convirtieran, por así decirlo, de la noche a la mañana al cristianismo es una prueba evidente de los límites reales de la puesta en práctica de las ordenanzas promulgadas por Juliano. Es posible que lo que cuenta Libanio en este fragmento se acercara mucho más a la realidad que cualquier medida de restauración pagana promulgada por el Estado. La esfera privada, de forma más silenciosa, era en muchos casos capaz de corregir lo que se proclamaba en público a bombo y platillo. El pasaje citado evidencia por qué la restauración de Juliano fue una empresa tan compleja: en apariencia, la población obedecía los mandatos de los dirigentes estatales, incluso los cumplía con escrupulosa exactitud, pero interiormente no estaba convencida de su sentido. La falta de seriedad y entusiasmo en cuestiones de culto era, al parecer, un fenómeno común entre la mayoría de los habitantes del Imperio. Esta actitud hizo que Juliano desesperara en su intento de imponer la renovación, y mostró un especial desprecio por sus propios correligionarios, que no trataban el culto con la seriedad con la que lo hacían sus oponentes cristianos. Sin embargo,

2. Libanio, *Cartas* 1411.

entre los cristianos cundía casi idéntica desesperanza contra los disidentes dentro de sus propias filas.

La irónica nota epistolar de Libanio se puede complementar con la obra histórica de Amiano, en la que el autor, simpatizante de Juliano, relata un incidente sobre los preparativos de la campaña persa que el emperador realizaba en Antioquía. En este texto, el cronista, cercano al paganismo, apenas puede ocultar su crítica mordaz al celo religioso del emperador. Tras describir la escenificación pública del programa de culto de Juliano, señala con amargura que un grupo de soldados descontrolados, aparentemente como muestra de devoción religiosa, causó estragos en la ciudad, devaluando así la supuesta inspiración religiosa que presidía la política de Juliano:

> Sin embargo, con demasiada frecuencia, regaba [Juliano] los altares con la sangre de numerosas víctimas, inmolando en ocasiones hasta cien toros, así como ricas manadas de animales diversos y pájaros blancos cazados por tierra y por mar, hasta tal punto que por las calles, casi a diario, los transeúntes tenían que llevar a hombros los soldados hasta sus hogares, pues se hallaban indispuestos ante la desmesurada cantidad de carne que ingerían y ante el continuo consumo de bebida en templos públicos, donde participaban en banquetes que más debieran haber sido prohibidos que alentados[3].

La escena sacrificial representada en la imagen, caracterizada por la severidad, el aplomo y la seriedad ceremoniales, ofrece un claro contraste con las disolutas prácticas de

3. Amiano Marcelino 22, 12, 6, *op. cit.*

culto en Antioquía descritas por Amiano. En el relieve observamos una digna escenificación religiosa, en cuyo centro se encuentra el emperador Marco Aurelio ejerciendo solemnemente su función sacerdotal como *Pontifex Maximus*.

El conflicto ideológico entre paganismo y cristianismo se produjo a distintos niveles. Además de los escritos filosóficoreligiosos de los eruditos paganos y de sus adversarios cristianos, se impusieron otras formas de debate menos intelectuales. Sin embargo, más allá de las posiciones enfrentadas o de las supuestas líneas divisorias entre ambos bandos, indudablemente existían puntos fundamentales coincidentes entre paganos y cristianos, puesto que todos ellos vivían en una cultura en la que se aplicaban valores morales comunes. Su rasgo compartido más destacado era la conciencia generalizada de habitar en un mundo cuyo orden político global estaba respaldado por la voluntad divina. Esta es una de las razones por las que, en ocasiones, los opositores cristianos a la restauración pagana parecen filósofos paganos y algunos propagandistas paganos suenan a menudo como apologistas cristianos.

Existían analogías tanto en el comportamiento ético de los seguidores de los distintos movimientos religiosos como en la actitud interior de aquellos que buscaban a dios. En su rigor y su renuncia al mundo, en su abnegación y en sus estrictas normas morales, las diferencias entre los dos grupos eran una simple cuestión de matices. Los estilos de vida de las vírgenes consagradas cristianas, los eremitas o algunos filósofos paganos conformaban una comunidad de valores que trascendía las fronteras confesionales, y sus miembros se superaban unos a otros en su desprecio por la existencia terrenal, en su anhelo de pureza sin concesiones

Marco Aurelio realizando un sacrificio ante el templo de Júpiter Capitolino (año 176). Detalle de un relieve de mármol del arco de Marco Aurelio. Roma, Palazzo dei Conservatori.

y en sus esfuerzos por escapar del mundo para acercarse así a su respectiva deidad. Haríamos bien en no trazar líneas divisorias demasiado estrictas entre paganos y cristianos a la hora de intentar comprender la percepción externa de las medidas promovidas por el emperador Juliano, un gobernante que reinó durante una época convulsa y que, tras ser educado como cristiano, finalmente se decantó por la religión de sus antepasados. Aparentemente, las condiciones de vida bipolares de la época impidieron el desarrollo de pautas de comportamiento claramente definidas y diferenciadas, como se observa, por ejemplo, en la equiparación que hace el autor pagano Porfirio de los ángeles cristianos y el mundo pagano de los dioses:

> Pues si afirmáis que los ángeles —a los que nosotros llamamos dioses por su proximidad a la divinidad— están junto a Dios impasibles, inmortales y de naturaleza incorruptible, ¿qué sentido tiene discutir sobre su nombre o considerar tan solo la diferencia de sus denominaciones? [...] No hay, en efecto, mucha diferencia entre llamarlos «dioses» o «ángeles»[4].

Como evidencia esta línea argumental, un cristiano era, hasta cierto punto, también pagano y viceversa. Esto puede ejemplificarse con numerosas notas de la extensa correspondencia de Juliano. Muchas de las posturas paganas expresadas en sus cartas y discursos estaban más inspiradas por el ideario cristiano de lo que a su autor le habría gustado admitir. Un pasaje del orador pagano Temistio, que fue

---

4. Porfirio, Fragmento 76. Traducción de Enrique A. Ramos Jurado *et al.* (Universidad de Cádiz).

incluido en la *Historia eclesiástica* de Sozomeno, nos permite comprender la cambiante dinámica religiosa de estos años. En este fragmento, el emperador Valente es exhortado a mantener la calma en cuestiones de dogmática cristiana y heterogeneidad religiosa:

Del mismo modo que todos los atletas corren bajo el mismo juez, pero no todos lo hacen por la misma calle, sino cada uno por la suya, y el vencido no queda completamente privado de premio, también crees que el Juez grande y verdadero es uno solo, pero no así el camino que conduce hacia Él, sino que hay uno más arduo y otro más sencillo, uno escabroso y otro llano, pero que todos, sin embargo, se dirigen hacia aquel único destino, con lo que nuestra rivalidad y nuestro celo no obedecen sino al hecho de que no avanzamos todos por el mismo camino. Si autorizaras una sola senda y cerraras el paso a las demás, obstruirías el espacio destinado a la prueba. Así es desde antiguo la condición humana y el «unos a un dios y otros a otro sacrificaban» era ya anterior a Homero. A Dios, en efecto, no le agrada que se alcance alguna vez entre los hombres semejante consenso. La naturaleza, según Heráclito, gusta de ocultarse, y más aún que la propia naturaleza, el artífice de la naturaleza, a quien veneramos y admiramos en mayor medida por no ser su conocimiento accesible ni evidente a primera vista y no poder aferrarlo sin esfuerzo y con una sola mano[5].

Aunque los hechos aquí descritos parezcan exagerados, son indicio de un estado de ánimo válido tanto para paga-

---

5. Temistio, *Discursos* 5, 69a; Sozomeno, *Historia eclesiástica* 6, 36. Traducción de Joaquín Ritoré Ponce (Editorial Gredos).

nos como para cristianos que los unía en la búsqueda común de la verdad suprema y del poder redentor del cielo por encima de las divisiones confesionales. A partir de aquí, sin embargo, se planteaba la cuestión de cuándo, cómo y por qué ambos caminos acabarían divergiendo.

34. Sangre y violencia: una elección episcopal en Roma

Son de sobra conocidas las imágenes que nos llegan a través de los medios de comunicación de todo el mundo cuando, al quedar vacante la cátedra episcopal de San Pedro, se celebra en Roma un cónclave para la elección de un nuevo pontífice. Una impresionante fila de cardenales ataviados de rojo carmín, ordenados por parejas, entra en la Capilla Sixtina caminando con dignidad, a pasitos cortos, acompañados de la musicalidad de las oraciones. Tras ellos, las puertas del recinto se cierran herméticamente y quedan selladas. A partir de este momento son las papeletas las que tienen la palabra. El candidato más votado es proclamado nuevo obispo de Roma, al tiempo que la chimenea del palacio apostólico deja salir su característica fumata blanca al ritmo del poderoso repicar de las campanas.

Tras el anuncio del recuento, la ansiosa multitud que espera en las afueras de la basílica vaticana muestra su beneplácito, bien mediante una respetuosa ovación, bien expresando gran exaltación y alegría, dependiendo de la popularidad del candidato elegido. El ambiente que rodea la ceremonia de nombramiento del papa, estipulada y formalizada hasta el último detalle, crea y transmite una impresión que rezuma orden y continuidad. Aunque la votación en sí transcurre a puerta cerrada, la extraordinaria atención mediática que se le dispensa convierte el acto en un influyente acontecimiento público seguido con una mezcla de interés y curiosidad en todo el mundo. Dicho estado de ánimo proviene del resultado del escrutinio, ya que con frecuencia suelen producirse sorpresas. Exceptuando una sola ocasión, el elegido mantiene su cargo hasta el final de sus días, por lo que, debido a la avanzada edad de los candidatos y a la antigüedad de la tradición, los autores del presente libro han sido testigos de la entronización de personajes tan dispares como Angelo Roncalli (Juan XXIII), Giovanni Montini (Pablo VI), Albino Luciani (Juan Pablo I), Karol Wojtyla (Juan Pablo II), Josef Ratzinger (Benedicto XVI) y Jorge Bergoglio (Francisco I).

El protocolo de la elección sigue una normativa y unos rituales fijos que pretenden transmitir una atmósfera de eficacia y profesionalidad dentro de un ambiente de supuesta armonía espiritual. Sin embargo, ¿son siempre estos cónclaves tan pulcros y ordenados como parecen? Naturalmente existen diferentes agrupaciones antagónicas dentro del colegio cardenalicio, algunas de ellas enfrentadas entre sí. Otra pregunta que nos surge es: ¿qué ocurre en el período previo a la elección? Teniendo en cuenta la estructura cerrada de la Curia romana, parece más que probable que puedan aflorar intrigas de todo tipo, que se estipulen acuerdos o que se contraigan compromisos con el fin de sumar votos, ya que, a fin de cuentas, son solo hombres de carne y hueso quienes participan en la elección. Pero, a diferencia de lo que ocurría en épocas anteriores, hoy día el «trabajo clandestino» se realiza de forma tan discreta y silenciosa que apenas se oye hablar de él. Si se filtran ciertos mensajes al exterior, es solo porque alguien «se ha ido de la lengua» o porque ha difundido deliberadamente algún rumor.

Pero no siempre la proclamación de un nuevo pontífice ha resultado una tarea tan sencilla como actualmente. Algunos cónclaves celebrados durante la Edad Media y principios de la Edad Moderna degeneraron en eternas sesiones que duraron meses o incluso años debido a la falta de acuerdo entre los cardenales o a la división entre los diferentes grupos enfrentados por el candidato adecuado, de modo que las sesiones se convertían en verdaderas pruebas para la paciencia y la resistencia de quienes participaban en ellas. En el peor de los casos, la elección podía dar lugar a disputas irreconciliables que dañaban de por vida la reputación de los implicados. Manipulaciones, corrupción, amenazas, sobornos e intrigas estaban a la orden del día. El pueblo de Roma, los candidatos más prometedores, los intereses privados de los nobles e incluso los gobiernos de las potencias europeas tomaron regularmente partido en estas amargas batallas, que no solo se libraban mediante palabras y enérgicas consignas políticas, sino también a través de la intimidación, la violencia, las armas y las revueltas populares. A menudo, varios papas ejercían el cargo al mismo tiempo. En la ya de por sí escandalosa historia milenaria del episcopado romano existieron numerosos pontificados (como los de Juan VIII, Juan XII, Clemente VII, Bonifacio IX, Alejandro VI, Julio II, Sixto V o Urbano VIII, por nombrar solo algunos) que fueron particularmente poco memorables.

En la Antigüedad, las elecciones de obispos no fueron menos violentas. Desde que en tiempos de Constantino el Estado romano promoviera el cristianismo, la elección de un nuevo pontífice se convertía en un asunto político que rara vez se resolvía de manera amistosa o pacífica. Generalmente, estas disputas tenían que ver con la vanidad de los implicados, aunque en muchas ocasiones surgían cuestiones doctrinales que avivaban aún más el enfrentamiento. En el curso del debate sobre la elección de un nuevo pontífice, y esgrimiendo un amplio listado de poderosos argumentos —en ocasiones, abiertamente intimidatorios— se dirimían sutiles disquisiciones y especulaciones filosóficas acerca de los dogmas cristianos más relevantes. Tanto en las calles como en las iglesias se libraba una batalla teológica sobre la esencia de la fe. Tales disputas degeneraban muchas veces en exclusiones, animosidades, actos de violencia e incluso muertes.

En una de las escasas alusiones a los acontecimientos religiosos de la época, el historiador pagano Amiano Marcelino comenta con ironía y manifiesto desprecio la inusitada celebración de sínodos episcopales a finales del siglo IV. Nos informa sobre la tendencia de los miembros destacados de la Iglesia al enfrentamiento y el despilfarro de los recursos de la hacienda pública. Al mismo tiempo, reprende al emperador Constancio II por haber concedido demasiados privilegios a los dirigentes eclesiásticos en detrimento de las finanzas del Estado. Dice lo siguiente:

Confundiendo la religión cristiana, que es completa y simple, con una superstición de viejas, dio lugar a muchos enfados por investigarlo todo de forma excesiva en vez de reformarlo, y alentó incluso esos enfados con disputas verbales. Además, como había un número enorme de obispos que iban de acá para allá en el servicio de transporte para acudir a lo que ellos llaman sínodos, mientras intentaba organizar todas las costumbres religiosas, cortó las alas a este servicio[1].

Llama la atención que un observador tan bien informado sobre la escena política y social del Imperio como Amiano tuviera tan poco que decir sobre las frecuentes controversias internas del cristianismo. Disputas que además estallaban periódicamente en el seno de las grandes metrópolis del Imperio: Constantinopla, Alejandría, Antioquía y Roma. ¿Cuáles son las razones del silencio de Amiano? Solo podemos conjeturar al respecto, ya que no existen pruebas explícitas que justifiquen esta falta de información. Cabe la hipótesis de que este tipo de conflictos preocupasen única y exclusivamente a la Iglesia y, por tanto, causasen poco revuelo fuera de la comunidad de culto cristiana. Otra posibilidad sería que la actividad sinodal que se inició a raíz de las continuas luchas internas entre cristianos de diferentes tendencias fuese un fenómeno meramente marginal en aquella época.

Otros pasajes de la obra de Amiano sí recogen encarnizadas disputas eclesiásticas que llegaron a alterar el orden público. En concreto, para el caso de Alejandría tenemos testimonios de numerosos conflictos entre paganos y cristianos, la mayoría de los cuales desembocaban en masacres descontroladas. En el año 361, por ejemplo, una turba enfurecida asesinó brutalmente al obispo arriano Jorge de Capadocia,

1. Amiano Marcelino 21, 16, 18, *op. cit.*

que había provocado el descontento entre la población con su vehemente política antipagana. Posiblemente, entre los instigadores del tumulto también se encontraban algunos cristianos nicenos. Aunque pudiera parecer un conflicto exclusivamente religioso, una mirada más detallada nos permite comprender que tras el estallido de violencia también subyacía un componente político. Debido a sus buenas relaciones con la corte imperial, Jorge de Capadocia era considerado su representante *in situ,* una especie de brazo extendido del gobierno central.

Incluso en Constantinopla, donde convivían cristianos arrianos y nicenos, hubo violentos combates callejeros producidos por divergencias eclesiásticas. En el año 337, tras la muerte del obispo Alejandro, estalló una violenta pugna por el episcopado. Al parecer, el propio Alejandro aún en vida se había pronunciado a favor de dos candidatos para sucederle: el presbítero Pablo y el diácono Macedonio. La elección quedó por tanto en manos de una comunidad profundamente dividida. La pelea feroz entre facciones se basó principalmente en la intransigencia de sus miembros y en su afán de poder, pues ninguno de los rivales iba a permitir que su adversario ocupara la silla episcopal. La ambición personal fue más fuerte que su voluntad de llegar a un consenso amistoso. El emperador Constancio II se vio obligado a intervenir repetidas veces en el conflicto, en primer lugar sustituyendo a Pablo —que había sido nombrado obispo por el partido niceno— por Eusebio de Nicomedia. Cuando Eusebio murió en el año 342, Pablo retomó con energías renovadas sus pretensiones de alcanzar el obispado, al tiempo que la comunidad arriana elegía a Macedonio para el cargo. El emperador tuvo entonces que intervenir por segunda vez, en esta ocasión enviando a Hermógenes —un alto cargo del gobierno central— a Constantinopla. Se produjeron múltiples disturbios entre los distintos grupos cristianos, e incluso el mismo Hermógenes fue asesinado durante un tumulto (es probable que el propio Pablo alentara dichas acciones). La posterior intervención imperial generó un baño de sangre que se cobró innumerables víctimas.

También en Roma se produjeron amargas disputas con motivo de la vacante de la cátedra episcopal tras la muerte del controvertido prelado Liberio. Roma era particularmente propensa a estos levantamientos, como se desprende de la obra histórica de Amiano, que se centra varias veces en los acontecimientos de esta ciudad. Allí, las violentas trifulcas promovidas por motivos religiosos provocaron a menudo un grave deterioro del orden público y de la paz social. Así ocurrió en el año 366, cuando estallaron en el seno de la comunidad cristiana de Roma una serie de luchas callejeras extremadamente sangrientas que culminaron en una orgía de sangre y violencia, resultado de la batalla sin cuartel entre los candidatos a la silla episcopal. Así nos lo cuenta Amiano:

> Dámaso y Ursino deseaban ardientemente hacerse con la dignidad de obispo de Roma y se enfrentaron entre sí con gran violencia, haciendo que también sus partidarios se enfrentaran y llegando a causar heridos y muertos. Pues bien, como Vivencio no pudo ni corregir ni suavizar esta situación, en medio de toda esta violencia, se vio forzado a retirarse igualmente a los alrededores de Roma. El vencedor de este enfrentamiento fue Dámaso, gracias a la ayuda de sus partidarios. Y es sabido que en la basílica de Sicinino, donde se reúnen los cristianos, en un solo día se re-

cogieron ciento treinta y siete cadáveres, de manera que no es extraño que costara mucho reducir a una plebe que se había comportado de forma salvaje durante tanto tiempo[2].

Estos agrios acontecimientos llevaron al observador político Amiano a emitir un juicio muy negativo sobre los cristianos, a quienes comparaba con bestias salvajes, envilecidas por la rabia. El sombrío juicio de Amiano acerca del estado de ánimo de una de las comunidades cristianas más destacadas del Imperio es realmente significativo[3]. Sus comentarios ofrecen una visión externa de los conflictos que se producían en el seno de la comunidad cristiana. Esta aparece impelida por la violencia, el ansia de reconocimiento por parte de sus máximos representantes, la intransigencia y el desacuerdo. Destaca también en la narración de Amiano la capitulación del poder gubernamental ante la embestida de la turba cristiana en la elección episcopal del año 366. En el momento álgido de la crisis, el máximo representante estatal de la ciudad, Vivencio, emprendió la huida y abandonó a su suerte a los grupos enfrentados en una orgía de sangre, indicador claro de que la Iglesia estaba a punto de transformarse en un Estado dentro del Estado. Dámaso, el vencedor de esta lucha por el poder, se convertiría así en uno de los representantes más importantes del Papado romano del siglo IV. El cultivado interlocutor epistolar del irreprochable Jerónimo no solo había encomendado la primera traducción latina de la Biblia, llamada «Vulgata», sino que también desempeñó un papel

2. *Ibid.*, 27, 3, 12-13.
3. *Ibid.*, 22, 5.

decisivo en la desactivación de la controversia arriana que amenazaba con dividir a las comunidades cristianas. ¿Quién podría sospechar que justo este Dámaso hubiera ascendido a la cátedra episcopal romana de forma tan infame?

Muchos de sus sucesores lo superarían con creces en lo referente al uso de la intimidación y la violencia. Con la formación de los Estados Pontificios en la Edad Media en suelo itálico, el criterio de la política de poder se impondría definitivamente a los postulados de la teología. El dirigente espiritual de la comunidad de culto cristiana de Roma se transformará en un potentado político de primer orden.

En la época premoderna, el Papado representaba visiblemente un gobierno secular, comparable al de cualquier otro reino, por lo que valía la pena implicarse plenamente en las contiendas políticas, dados los considerables recursos que estaban en juego. Sin embargo, a raíz de la configuración del Estado italiano moderno en la segunda mitad del siglo XIX, los Estados Pontificios —antiguamente de gran relevancia geoestratégica para el control de Italia— sufrieron una notable y definitiva reducción espacial y quedaron confinados a la zona situada tras las murallas del Vaticano. A partir de ese momento, los obispos romanos quedarán excluidos del concierto de las potencias europeas, objetivo al que habían dedicado una gran parte de sus energías en los siglos anteriores y que había contribuido no pocas veces al desprestigio de la institución.

Algunos de ellos trataron de reaccionar e intentaron sustituir el dominio territorial perdido por un nuevo concepto de supremacía espiritual sobre la masa de creyentes que permanecían fieles a su obediencia. Para reforzar semejantes pretensiones se aprobó en 1869 el dogma de la infalibilidad papal, proclamado en el Concilio Vaticano I por iniciativa del controvertido Pío IX. Dicha estrategia, ideada en parte para compensar la pérdida de poder territorial, arroja, no obstante, una sombra de duda sobre la autoridad del papa desde entonces hasta nuestros días, pues parece que el intento de la fallida proposición de conferir una superioridad teológica a la palabra del papa ha generado justamente lo contrario. Conscientes de esta problemática, los sucesores de Pío IX en la cátedra de San Pedro en el transcurso de los últimos ciento cincuenta años han hecho una sola vez uso de dicha prerrogativa. En vista de la situación actual de la Iglesia, es de prever que el tema de la infalibilidad papal acabe aletargado en el archivo del olvido.

35. Las enormes consecuencias de la caída de un caballo

Poco después de que el Concilio de Constantinopla calmara la tormenta desatada en el año 381 en torno a la controversia trinitaria, estalló una nueva y virulenta polémica cristológica. Ahora ya no se trataba de dilucidar la relación jerárquica entre el Padre y su divino Hijo (Logos), sino de especificar la naturaleza de Jesús, un tema que se había convertido en el punto de referencia fundamental de la fe cristiana. Reducido a una simple fórmula, las preguntas clave eran: ¿poseía Jesús una naturaleza humana, divina, o ambas a la vez?, ¿en qué proporción se imponía una a la otra?, y, si coexistían en él juntamente lo divino y lo humano, ¿qué consecuencias debían extraerse de ello?

Para gran parte de la Iglesia Jesús era conceptuado como Dios, y su sacrificio por la salvación de la humanidad solo podía resultar comprensible y eficaz si su naturaleza divina se constituía en el aspecto decisivo: tal era la fe del partido

monofisita. Otros, sin embargo, veían en Jesús primordialmente a un hombre y a un dios al mismo tiempo, compuesto por dos naturalezas que se complementaban mutuamente sin llegar a mezclarse: así pensaban, en suma, los diofisitas.
Desde esta posición es de entender que se cuestionara el papel de María, cuyo culto había arraigado con fuerza en la
vida cotidiana de las comunidades cristianas.

Queda constancia de que la agria disputa sobre la naturaleza de Jesús tuvo su origen en diferentes puntos de fricción.
El impulso inicial será una denuncia acerca del adecuado
desempeño del obispado instigada por el poderoso patriarca
Cirilo de Alejandría. A esto se sumó la secular rivalidad entre
la escuela teológica de Antioquía, que se inspiraba en ideas
neoplatónicas y se aferraba a la doctrina de las dos naturalezas, y la de Alejandría, que defendía estrictamente la doctrina de la única naturaleza divina de Jesús. Por otro lado, hay
que constatar la elección de Nestorio, perteneciente a la escuela de Antioquía, como titular de la sede episcopal de
Constantinopla en el año 428, lo que ofendió la sensibilidad
del patriarca alejandrino Cirilo, que difícilmente podía soportar el hecho de ocupar una posición subordinada en el
episcopado oriental. Otra razón que fomentó la discordia
fue la actitud crítica de Nestorio respecto a la arraigada y popular devoción mariana. Nestorio se resistía a la adoración
generalizada de María como madre de Dios. Estaba de
acuerdo con las opiniones expresadas en Antioquía de que,
en el mejor de los casos, María podía ser considerada madre
de Cristo. Su postura le creó un serio conflicto con la mayoría de los fieles de su sede metropolitana.

En última instancia, la intromisión de la corte de Constantinopla en este antagonismo doctrinal resultará crucial

para globalizar los debates confesionales. Pronto la controversia se apoderará de la propia familia imperial. Mientras que el débil e influenciable emperador Teodosio II estaba más interesado en la literatura teológica que en los asuntos de gobierno, Pulqueria, su piadosa hermana, que había hecho voto de castidad, favorecía las aspiraciones de los diofisitas. Por el contrario, Eudocia, la esposa de Teodosio II, apoyaba fervorosamente el credo monofisita. La rivalidad abierta entre las dos mujeres más poderosas de la corte constantinopolitana —que en vez de una sede gubernamental parecía un monasterio— devino en un verdadero conflicto de política religiosa que alcanzó su clímax cuando Nestorio le negó a la hermana del emperador, Pulqueria, una celosa devota mariana, el acceso al área del altar reservada al clero, pese a estar acostumbrada a recibir allí la eucaristía.

Vanidades heridas, deseos de venganza y ansias de poder se mezclaron con una situación larvada por las discrepancias teológicas. Después de haber fracasado en la tarea de lograr un equilibrio entre posiciones teológicas irremediablemente divergentes, se acordó celebrar un concilio en Éfeso en el año 431 para obtener un consenso que pudiera contribuir a resolver de forma definitiva el problema cristológico. Cirilo de Alejandría fue capaz de asegurarse una ventaja decisiva. La asamblea inició el debate antes de que los obispos de Siria, en su mayoría partidarios de Nestorio, llegaran al lugar de reunión. De esta forma se aprobaron de antemano importantes decisiones favorables a la teología defendida por Cirilo, al ser excluidos sus opositores de las votaciones preliminares. La protesta de la parte perdedora no sirvió de nada. Nestorio fue condenado y depuesto. Su doctrina cristológica será considerada en lo sucesivo herética, de modo que poco después se vio obligado a retirarse a un monasterio. Por su parte, Cirilo había logrado su objetivo en materia político-eclesiástica, aunque mediante métodos fraudulentos. A pesar de las protestas y los disturbios, el emperador Teodosio II cedió a las demandas de Cirilo y reconoció los resultados del Concilio de Éfeso, que también fueron aceptados por la sede romana, por entonces ocupada por el mediocre teólogo Celestino. Fue una victoria de Alejandría sobre sus patriarcados rivales de Constantinopla y Antioquía con el apoyo de Roma.

Para ganarse el favor de la corte de Constantinopla se produjo una intensa batalla, como demuestran las acciones del obispo alejandrino Cirilo. Este logró inclinar la balanza a su favor gracias a la ayuda de un legendario escándalo de corrupción. Intrigas, amenazas y compra de votos eran parte integrante de todo concilio exitoso. Sin embargo, el partido derrotado no fue vencido del todo, y gracias a su persistencia, dos décadas más tarde se efectuará una revisión de las decisiones del Concilio de Éfeso. Consciente de que la teología alejandrina había obtenido el liderazgo doctrinal en la Iglesia oriental, Eutiques, portavoz del obispo de Alejandría en la corte de Constantinopla, formuló determinantemente su posición monofisita. Según dicha fórmula, la encarnación de las dos naturalezas de Cristo provenía de una sola naturaleza divina, proclama que excluía al mismo tiempo la equiparación de Cristo con una naturaleza humana. A este posicionamiento se opuso Flaviano, el obispo local, que condenó esta doctrina en el año 448.

El archimandrita Eutiques era el padrino bautismal del todopoderoso Crisafio, favorito del emperador Teodosio II, lo que le permitió disponer de un considerable margen de maniobra política para tomar decisiones en la corte. Consiguió que el emperador le encargara a su aliado más poderoso, al obispo de Alejandría Dióscoro, sucesor de Cirilo, la dirección de un nuevo Concilio en Éfeso, y este comenzó los preparativos en el verano del año 449. El denominado «latrocinio de Éfeso», donde se escenifica de nuevo el enfrentamiento entre Constantinopla y Alejandría, pasará a los anales de la Iglesia como una de las más turbulentas asambleas de su historia. Al comienzo de la reunión, Hilario, el legado del obispo romano León, trató de leer una carta dirigida a la asamblea, pero Dióscoro, presidente del concilio, lo impidió. Luego logró que todo aquel que osara oponerse a él fuera anatematizado. La intención era deponer a Flaviano, el obispo constantinopolitano. Cuando el legado del obispo de Roma y Flaviano pusieron en duda la credibilidad del obispo de Alejandría, se produjo un tumulto en el transcurso del cual Dióscoro abrió las puertas de la sede conciliar. Entonces una multitud de personas penetró en el recinto amenazando a los adversarios del obispo de Alejandría de forma violenta y obligándolos a desistir. Poco después la mayoría de los obispos presentes –algunos de ellos siguiendo sus propias convicciones– aceptó las ideas de Dióscoro. Sin embargo, las cátedras episcopales más importantes del Imperio –Constantinopla, Antioquía y Roma– se opusieron vehementemente a las decisiones del «latrocinio de Éfeso».

Al igual que su predecesor Cirilo, que en el año 431 había provocado en Éfeso el derrocamiento de Nestorio, Dióscoro había alcanzado en otoño de 449 la cumbre de sus aspiraciones, especialmente porque el emperador Teodosio II le había otorgado el apoyo necesario. El metropolita alejandrino había consolidado su liderazgo ideológico en el seno de la Iglesia de Oriente, lo que propició decididamente el avance teológico del monofisismo. Sus opositores fueron relegados de sus sedes episcopales o condenados al silencio.

La situación cambió de manera radical cuando Teodosio II se cayó del caballo y murió inesperadamente el 28 de julio de 450. Le sucedió el renombrado militar Marciano, y Pulqueria, la hermana del difunto emperador, se casó con el nuevo emperador. Pulqueria era ávida seguidora de las enseñanzas diofisitas, y pese a que ella mantenía el voto de castidad, el matrimonio se celebró. De pronto se abrió un nuevo capítulo en la política de la Iglesia en el que los opositores de Dióscoro lograron alcanzar un renovado protagonismo.

En octubre del año 451 se convocó un nuevo concilio por invitación del emperador Marciano en la basílica de Santa Eufemia en Calcedonia, suburbio de Constantinopla, por aquellas fechas la iglesia más grande de la cristiandad, al que asistieron cerca de 450 obispos. Su misión era la aclaración definitiva del problema cristológico acerca de la naturaleza de Jesús, una disputa que había provocado discusiones incesantes durante más de dos décadas y que ahora amenazaba con destruir la cohesión de la Iglesia oriental. Estaban presentes todos los obispados importantes de Oriente y una representación de la Iglesia de Occidente, encabezada por el legado del obispo de Roma. Ya en la primera reunión se revisaron las resoluciones del Concilio de Éfeso del año 449 y se desecharon sus partes más esenciales. Tras un acalorado debate, que reflejaba el nuevo equilibrio de poder, el obispo de Alejandría Dióscoro fue condenado y a continuación relegado de su cátedra episcopal. La cooperación entre los obispos de Roma y Constantinopla, fortalecida por el apoyo de la familia imperial, fue respaldada por la mayoría de la asamblea. Como resultado teológico del Concilio de Calcedonia se promulgó una fórmula diofisita según la cual existía un solo Cristo en dos naturalezas, inseparables, pero no mezcladas entre sí.

El resultado de las disputas cristológicas sobre la naturaleza de Jesús unificó, por un lado, a una parte del episcopado oriental con la Iglesia de Occidente, pero también produjo, por otro, una división profunda en la cristiandad oriental, cuyas consecuencias políticas afectaron a la cohesión de las regiones dominadas por grupos disidentes. Mientras que la periferia del Imperio romano de Oriente (Egipto, Siria, Armenia) mantuvo en términos generales su orientación monofisita pese a las decisiones de Calcedonia, toda Asia Menor, Constantinopla y el Imperio occidental se adhirieron firmemente a la doctrina diofisita. La alianza tradicional entre los obispos de Roma y Alejandría se rompió definitivamente a raíz de la controversia cristológica y las decisiones de Calcedonia. Sin embargo, los obispos de Roma y Constantinopla, que en los debates teológicos del Concilio de Calcedonia aún habían cooperado estrechamente, con el transcurso del tiempo, y por motivos de rango, jerarquía y prestigio de sus respectivas sedes, sembrarán las semillas de un nuevo cisma eclesiástico que aún hoy no ha podido ser superado.

El objetivo de los grandes sínodos imperiales que tuvieron lugar hacia mediados del siglo V era ofrecer la esperada orientación religiosa a una cristiandad muy dividida. Sin embargo, de los resultados del Sínodo de Calcedonia se desprende que las grandes decisiones no fueron producto de las convicciones dogmáticas imperantes ni de la inalterable percepción teológica de los implicados en el discurso teológico. Al final, los resultados hay que atribuirlos a la casualidad. La trágica caída de Teodosio II de su caballo cambió repentinamente el equilibrio de poder en el episcopado y se convirtió en un catalizador trascendental para la reorientación religiosa del Imperio. En retrospectiva, este incidente casual, totalmente al margen de cualquier opinión teológica, fue la chispa inicial de un proceso que iba a tener una influencia decisiva en la futura dirección de la política eclesiástica en el mundo antiguo.

Hoy en día la gran mayoría de las Iglesias cristianas son diofisitas. Sin embargo, es improbable que la mayoría de los creyentes sean conscientes de las causas que provocaron esta decisión. El hecho de que no exista ninguna representación pictórica de la legendaria caída del caballo de Teodosio II en la tradición antigua y posterior demuestra lo poco presente que está en la conciencia general la enorme trascendencia de este acontecimiento, que fue fundamental para el desarrollo posterior del cristianismo. Precisamente, la ausencia de representaciones de este episodio —que podría haber sido un tema recurrente para los artistas— es especialmente sorprendente dada la abundancia de pinturas que reproducen escenas clave de la Antigüedad, y que han sido transmitidas por los artistas desde el Renacimiento hasta nuestros días. La explicación a este hecho radica en que seguramente a la caída del caballo sufrida por Teodosio II no se le reconoció en su momento la trascendencia que realmente tenía: fue el punto de inflexión que determinó el destino de la política religiosa desde ese momento hasta nuestros días. Quién sabe cómo habría evolucionado el cristianismo si Teodosio II hubiera sido mejor jinete.

Bibliografía

ALBERIGO, G. (ed.), *Geschichte der Konzilien. Vom Nicaenum bis zum Vaticanum II,* Düsseldorf, 1993.

AUSTIN, P., y P. Vidal-Naquet, *Gesellschaft und Wirtschaft im alten Griechenland,* Múnich, 1984.

BARCELÓ, P., *Aníbal,* Madrid, 2000.

—, *Alejandro Magno,* Madrid, 2011.

—, *Das Römische Reich im religiösen Wandel der Spätantike. Kaiser und Bischöfe im Widerstreit,* Regensburg, 2013.

—, *El mundo antiguo,* Madrid, 2021.

—, *El siglo más largo de Roma,* Madrid, 2022.

—, y J. J. Ferrer Maestro, *Historia de la Hispania romana,* Madrid, 2016.

—, y D. Hernández de la Fuente, *Historia del pensamiento político griego. Teoría y praxis,* Madrid, 2014.

BEARD, M., *Gesichter der Macht von der Antike bis in die Moderne. Zwölf Cäsaren,* Berlín, 2022.

BERNABÉ PAJARES, A., y S. Macías Otero (eds.), *Religión griega. Una visión integradora,* Madrid, 2020.

BLEICKEN, J., *Die athenische Demokratie, Paderborn,* Múnich/Viena/Zúrich, 1986.

–, *Geschichte der Römischen Republik,* Múnich, 1988.

–, *Augustus. Eine Biographie,* Berlín, 1998.

BROWN, P., *Die letzten Heiden. Eine kleine Geschichte der Spätantike,* Berlín, 1978.

–, *Die Entstehung des christlichen Europa,* Múnich, 1996.

–, *Autorität und Heiligkeit. Aspekte der Christianisierung des Römischen Reiches,* Stuttgart, 1998.

CHANIOTIS, A., *Die Öffnung der Welt. Eine Globalgeschichte des Hellenismus,* Darmstadt, 2019.

CLAUSS, M., *Der Kaiser und sein wahrer Gott. Der spätantike Streit um die Natur Christi,* Darmstadt, 2010.

–, *Grosse Gestalten der Antike,* Berlín, 2010.

–, *Ein neuer Gott für die alte Welt. Die Geschichte des frühen Christentums,* Berlín, 2015.

CORNELIUS, F., *Die Tyrannis in Athen,* Múnich, 1929.

EHLING, K., y G. Weber (eds.), *Hellenistische Königreiche,* Darmstadt, 2014.

FERRER MAESTRO, J. J., *Catilina. Desigualdad y revolución,* Madrid, 2015.

–, *La República violada. Relato del drama político de la República romana, contado en dieciocho episodios* (en prensa).

FRIDELL, E., *Kulturgeschichte Griechenlands,* Múnich, 1988.

GARCÍA GUAL, C., *Introducción a la mitología griega,* Madrid, 1992.

–, *Los siete sabios (y tres más),* Madrid, 2007.

GOTTLIEB, G., *Von Homer bis Theodosius dem Großen. Sechzehn historische Fiktionen mit Themen der griechischen und römischen Geschichte,* Fráncfort, 2016.

GUZMÁN GUERRA, A., *Introducción al teatro griego,* Madrid, 2005.

–, y F. J. Gómez Espelosín, *Alejandro Magno,* Madrid, 1997.

HEATHER, P., *Der Untergang des römischen Weltreiches,* Stuttgart, 2007.

HERNÁNDEZ DE LA FUENTE, D., *Oráculos griegos,* Madrid, 2008.

—, *Breve historia de Bizancio,* Madrid, 2014.

—, *Mitología clásica,* Madrid, 2015.

HORKHEIMER, M., y T. Adorno, *Dialektik der Aufklärung,* Fráncfort, 1971.

IRIARTE, A., *Feminidades y convivencia política en la antigua Grecia,* Madrid, 2020.

JACQUES, F., y J. Scheid, *Rom und das Reich in der Hohen Kaiserzeit 44 v. Chr. - 260 n. Chr., Bd. 1: Die Struktur des Reiches,* Stuttgart/Leipzig, 1998.

MAÑAS ROMERO, I., *Las mujeres y las relaciones de género en la antigua Roma,* Madrid, 2019.

MARCO SIMÓN, F., *Cultus deorum: la religión en la antigua Roma,* Madrid, 2022.

MEIER, M., *Geschichte der Völkerwanderung. Europa, Asien und Afrika vom 3. Bis zum 8. Jahrhundert n. Chr.,* Múnich, 2020.

MURRAY, O., *Das frühe Griechenland,* Múnich, 1982.

NIETO IBÁÑEZ, J., *Historia antigua del cristianismo,* Madrid, 2019.

OBEN, J., *Das antike Griechenland. Eine neue Geschichte,* Stuttgart, 2016.

QUIROGA PUERTAS, A., *El emperador Juliano: de la historia a la ficción,* Madrid, 2020.

ROLDÁN HERVÁS, J. M., *Césares: Julio César, Augusto, Tiberio, Calígula, Claudio y Nerón: la primera dinastía de la Roma imperial,* Madrid, 2008.

SCHNEIDER, C., *Geistesgeschichte der christlichen Antike,* Múnich, 1978.

SOMMER, M., *Die römischen Kaiser. Herrschaft und Alltag,* Darmstadt, 2010.

WESSELMANN, K., *Die abgetrennte Zunge. Sex und Macht in der Antike neu lesen,* Darmstadt, 2021.

ZIMMERMANN, B., *Mythos Odysseus. Texte von Homer bis Günter Kunert,* Leipzig, 2004.